Elogio Anticipado para *Listen to the Children*

"Perdidos en la retórica de los medios de comunicación y en el debate político sobre la inmigración, los niños y las niñas son las víctimas más vulnerables de esta cruel realidad. La Dra. Conde-Frazier, con un toque pastoral saturado de sabiduría destaca los desafíos complejos que este grupo enfrenta buscando un nuevo mañana en una tierra extraña. ¡Necesitamos poner un rostro humano en aquellas personas que viven en la sombra! Este libro es una atinada reflexión en esta dirección".
—M. Daniel Carroll R. (Rodas), PhD, autor, *Christians at the Border: Immigration, the Church, and the Bible*; Profesor distinguido de Antiguo Testamento del Seminario de Denver.

"Este libro escrito por Elizabeth Conde-Frazier está matizado por una sabiduría particular y a la vez lleno de gracia. Viene a representar una voz importante en el debate sobre la inmigración que con el correr del tiempo se va poniendo cada vez más desgarrador. *Listen to the Children* nos recuerda que el tema de la inmigración es uno de profundidad teológica—que nos acerca al corazón de lo que implica el amor divino y sus consecuencias comunitarias y sociales. En éste podemos hallar historias convincentes que van más allá de las meras estadísticas, es decir, aquí hallamos familias de carne y hueso que forman parte de este cuadro desolador. Mientras que los políticos con frecuencia comunican miedo e información errónea Conde-Frazier deja que la comunidad de inmigrantes hable desde la realidad que le acosa, especialmente los niños y las niñas tan gravemente afectados por experiencias más allá de su control. El fruto de todo esto es un libro profundamente humano que plantea un discernimiento profundo que desafiará a todas aquellas personas que lo lea a romper los estereotipos y presuposiciones que se tengan para entonces escuchar atentamente a las familias que han emigrado a estas tierras y q[…] […]enseñar".
—Debra Dean M[…] […] Religión, West Virgi[…] […]*ning That Transforms:* […] *[…]ducation*

"Leí el libro *Listen to the Children* de la Dra. Elizabeth Conde-Frazier con entusiasmo creciente. La Dra. Frazier habla del tema de inmigración de modo brillante por medio de los ojos de la niñez. Sus reflexiones profundas nos ayudan a enmarcar el tema más crítico de nuestro tiempo, ya que estos niños y niñas inmigrantes determinarán el futuro como una nación. *Listen to the Children* deberá ser una lectura requerida para educadores, educadoras, pastores, pastoras, legisladores, legisladoras y personas dedicadas al mundo de los negocios. Este libro deberá ser una lectura obligatoria para cada americano que en verdad esté preocupado en el futuro de nuestra nación".

—Rev. Stan Perea, Director Ejecutivo,
Asociación para la Educación Teológica Hispana.

Esta guía conmovedora, práctica y pastoral que escucha a la niñez de las familias inmigrantes provee ejemplos contundentes del mundo real de la vida de la niñez y de sus padres y madres que constantemente luchan por oportunidades dentro del sueño americano. ¡La sección dedicada a las redadas y sus efectos sobre la niñez es desgarrador, lo cual debería ser una lectura obligatoria para todos! Padres, madres, y personas encargadas del cuidado de la niñez incluyendo el cuerpo pastoral encontrarán dirección y profunda reflexión en este muy atinado volumen. ¡Ojalá que los funcionarios y las funcionarias de inmigración también lo leyera"!

—Efraín Agosto, PhD, Decano Académico y Profesor
de Nuevo Testamento del Seminario de Hartford.

"Este libro es uno de los más importantes que he leído hace mucho tiempo…y el libro de Elizabeth Conde-Frazier pone rostros y voces de la niñez que viven en medio de estos desafíos migratorios. Ella ha escuchado atentamente y con profundo respeto y provee consejo práctico importante para las familias que luchan con el impacto de la inmigración—como también para todo el resto de nosotros que quiere estar verdaderamente presente en esta realidad.…¡Este libro le dará a usted maneras concretas y afirmativas para hacerlo…por favor lea este volumen y compártalo ampliamente"!

—Mary E. Hess, PhD, Presidenta, Religious Education Association;
Profesora Asociada de Liderazgo Educacional, Seminario de Luther

JUDSON PRESS

PUBLISHERS SINCE 1824

Escuchemos a los niños

Conversaciones con familias inmigrantes

ELIZABETH
CONDE-FRAZIER

Prefacio por Luis Cortes

JUDSON PRESS
PUBLISHERS SINCE 1824
VALLEY FORGE, PA

Escuchemos a los niños: Conversaciones con familias inmigrantes

© 2011 Judson Press, Valley Forge, PA 19482-0851
Todos los derechos reservados.

Ninguna parte de esta publicación puede ser reproducida, guardada en un sistema de recuperación o transmitida de ninguna forma ni por ningún medio, ya sea electrónico, mecánico, por fotocopia, grabación o cualquier otro, sin la autorización previa del poseedor de los derechos de autor, a excepción de breves citas incluidas en alguna reseña del libro.

Judson Press ha hecho todos los esfuerzos para determinar la propiedad de todas las fuentes. En el caso de cuestionarse el uso de una cita, lamentamos cualquier error y estaremos dispuestos a hacer las correcciones necesarias en las futuras impresiones y ediciones de este libro.

Los textos bíblicos se tomaron de la BIBLIA DIOS HABLA HOY, 3RD EDITION Copyright © Sociedades Bíblicas Unidas, 1996. Used by permission.

Library of Congress Cataloging-in-Publication Data

Conde-Frazier, Elizabeth.
Listen to the children: conversations with immigrant families/Elizabeth Conde-Frazier; foreword by Luis Cortes, Jr. — 1st ed. p. cm.
ISBN 978-0-8170-1661-6 (pbk.: alk. paper)
1. Emigration and immigration—Psychological aspects.
2. Emigration and immigration—Social aspects.
3. Immigrant children—Psychology.
4. Families—Psychological aspects. I. Title.
JV6013.C65 2010
305.9'06912—dc22   2010042563

Impreso en papel reciclado en Estados Unidos
Primera edición, 2011.

Contenido

Prefacio

Para personas de fe en los Estados Unidos, los debates corrientes alrededor del tema de la inmigración presentan un reto. Doce millones de personas viven en nuestra nación sin documentación, sin permiso para residir dentro de nuestras fronteras. Aunque a menudo se les refieren como "extranjeros ilegales", la mayoría están aquí haciendo trabajos legales y persiguen lo que nuestra nación le ha prometido a los inmigrantes desde su principio—la invitación a venir y la aseguranza de bienvenida y refugio.

Los asuntos circundantes a la inmigración son complejos. Ni la autora ni yo trataremos de enfrentarnos a esos asuntos mayores en esta obra. En lugar de ello, les invito a que visiten www.esperanza.us y bajo "What We Do" ("Lo Que Hacemos"), haga clic en "Inmigration: Esperanza for America" para explorar un diálogo más profundo y para aprender lo que usted puede hacer para efectuar cambios para el bien de todos.

Escuchemos a los niños explora preguntas vitales que casi nunca se han hecho en arenas políticas o religiosas. Las preguntas conciernen los niños: 3 millones de niños que han nacido como ciudadanos de los E.U. pero cuyos padres son indocumentados; los dos millones de niños, ellos mismos inmigrantes indocumentados y los millones de niños cuyas familias han alcanzado estatus legal—en total, más de 18 millones de niños.

La autora, Elizabeth Conde-Frazier, decana de Esperanza College de Eastern University, en Pennsylvania, ha estado ministrando a nuestra comunidad hispana desde que era una adolescente. Ella está íntimamente familiarizada con el trauma de la transición que trae la inmigración. Con un espíritu pastoral y un corazón lleno de compasión, ella alienta a sus lectores a renunciar a los argumentos abstractos y los debates deshumanizantes que a menudo caracterizan la discusión sobre inmigración y nos invita a todos a entrar en una conversación, no sólo los unos con los otros sino con los que son más vulnerables—los niños de familias inmigrantes.

¿Cómo es que un padre/madre que tiene planes de inmigrar debe comunicar la decisión a los niños que se quedarán atrás? ¿Qué factores motivan tal decisión? ¿Cómo es que la edad del niño/niña afecta la conversación y qué pueden hacer los padres ausentes para mantener la relación con sus hijos? ¿Qué factores se deben considerar al escoger un guardián para la ausencia indeterminada? Y cuando se reunifican los padres con los niños, ¿cuáles son los retos que se pueden esperar al convertirse en familia otra vez en una nueva cultura?

Problemas académicos, choque cultural, barreras de lenguaje, inversión de rol, valores en conflicto, y la necesidad del secreto—cada crisis es un reto en sí misma y se agrega al trauma y el estrés de la transición. Elizabeth explora éstas y otras preguntas desde la perspectiva de los padres y los niños y responde con creatividad y estrategias prácticas.

El clero, las maestras y trabajadoras sociales se beneficiarán de las ideas que la Dra. Conde-Frazier provee de la experiencia de la familia inmigrante y su condición psico-emocional. Adultos inmigrantes, guardianes y vecinos compasivos obtendrán aliento y facultad por medio del consejo sabio y el espíritu empático de Elizabeth. Para todo aquel que tiene el deseo de adherirse a los mandatos bíblicos de velar por el extranjero en nuestro medio, de dejar a los niños venir, de amar a nuestro prójimo así como nos amamos nosotros mismos, *Escuchemos a los niños* es afectuosamente atractivo, poderosamente compasivo y un recurso imprescindiblemente práctico para tomar acción.

Así que, ¿por qué no escuchamos a los niños y respondemos a sus necesidades? ¿Por qué no aceptamos la invitación profética de Elizabeth a ayudar a transformar las vidas de estas 18 millones de almas? Jesús llamó a sus primeros discípulos a cuidar por "los más pequeños" (vea Mateo 25: 34-40). ¡Vayamos y hagamos lo mismo!

—Rev. Luis Cortes Jr., Presidente, Esperanza

Los niños de la familia inmigrante

*Voy ahora a levantarme y pondré a salvo a los oprimidos,
pues al pobre se le oprime, y el necesitado se queja.*
Salmo 12:5

Un panel de expertos del Brookings Institution y el Woodrow Wilson School of Public and International Affairs, dos organismos dedicados al estudio de políticas públicas e internacionales, encontraron que en la actualidad «uno de cada cinco niños en los Estados Unidos pertenece a una familia inmigrante. La mayoría de estos niños se convertirán en residentes de los Estados Unidos y su presencia afectará las instituciones básicas de la sociedad. Ellos enfrentarán diversos retos que los niños de padres estadounidenses no tendrán que enfrentar, incluyendo la adopción de normas culturales distintas a las de sus padres y el aprendizaje de un idioma que quizás no se hable en su hogar».[1] Cerca de la mitad de las familias inmigrantes tienen un ingreso medio que no alcanza el 200% sobre el nivel de pobreza, en contraste con el 34% de las familias estadounidenses.[2] Los niños de familias inmigrantes, comparados con los de los hogares de los Estados Unidos, tienen el doble de probabilidad de carecer de seguro de salud y cuatro veces más probabilidad de vivir en condiciones de hacinamiento.

Las familias inmigrantes, pese a experimentar gran pobreza, no reciben ayuda del Estado, ni tampoco tienen derecho a Medicaid, o los servicios de salud pública. Según los cambios introducidos en la ley federal de 1996 relacionados con la asistencia pública, las personas sin residencia no tienen derecho a asistencia pública temporaria (TANF), Medicaid, ni vales para comprar alimentos (*food stamps*). Los niños nacidos en los Estados Unidos de padres inmigrantes sí tienen estos derechos (en su carácter de ciudadanos), aunque el resto de la familia quede excluida de estos programas. De todos modos, los niños nacidos en los Estados Unidos de padres inmigrantes no pueden participar en programas de centros de atención infantil financiados por el gobierno, en donde otros niños necesitados reciben estimulación temprana para mejorar el rendimiento académico.[3] En general, los inmigrantes llegados de México, Asia, América Central y el Caribe tienen un desempeño escolar más pobre, hablan poco inglés y tienen menos oportunidades para conseguir trabajo. Por ser hijos de padres indocumentados pueden estar sometidos a mayores dificultades que las que experimentan los niños de otras familias.

A través del libro, me referiré a «los niños de padres inmigrantes», estimados en 16,5 millones según las estadísticas de la encuestadora Urban Institute, y de los cuales 1,8 millones son niños con «otro tipo de documentación». Como los datos de las personas con otra documentación se basan en cálculos y no son precisos, incluiré en la categoría de «niños de padres inmigrantes» a los niños cuyos padres pueden ser o no indocumentados, y a los niños que, siendo ciudadanos o no, son hijos de padres inmigrantes. En una misma familia, el estatus legal de los padres puede ser mixto, como también puede serlo el estatus legal de los hermanos. Por esta misma razón, salvo que lo especifique expresamente, hablaré en general de todos como niños de padres inmigrantes. Si uno de los padres es inmigrante, la familia entera es afectada por los asuntos relacionados con la inmigración.[4]

Quizás irónicamente, solo el 16% de los niños inmigrantes vienen de hogares en que la pareja se separó, y son más saludables al nacer que los niños nacidos en los Estados Unidos. Además, los padres inmigrantes generalmente vienen a los Estados Unidos con el deseo de trabajar mucho y esperan el mismo empeño de sus hijos. Es habitual que estas familias inculquen en sus hijos una fuerte obligación hacia la familia, un orgullo étnico y la importancia de la educación. Por eso, los niños de padres inmigrantes tienden a tener mejor desempeño escolar que los niños de padres estadounidenses; aunque en la secundaria, muchos de estos estudiantes destacados se desilusionan con el estudio académico, especialmente si carecen de oportunidades para continuar su educación a nivel universitario y profesional. Su actitud se convierte en negativismo hacia sus profesores y hacia sus metas académicas.[5]

Como las familias de inmigrantes procuran radicar cerca de otra gente de su país, sus hijos experimentan una solidaridad comunitaria y cultural afín que les puede ayudar a hacer frente a los efectos negativos de la sociedad dominante. Una red informal de inmigrantes aporta información a los recién llegados sobre los lugares donde vivir al otro lado de la frontera. A su vez, este factor positivo puede ser un impedimento para que aprendan inglés. El 26% de los niños inmigrantes vive en hogares lingüísticamente aislados donde nadie mayor de 14 años habla inglés en forma correcta. En las comunidades donde las tiendas, los restaurantes y otros servicios son provistos por inmigrantes que hablan su mismo idioma, no hay incentivos para hablar inglés y así entender y hacerse entender.

¿Por qué la gente emigra?

Los padres a menudo emigran a otro países para poder mantener a sus familias, como parte de lo que los sociólogos denominan una *economía global de solidaridad*.[6] Cuando las desigualdades políticas y económicas en sus países les impiden a los padres el acceso al trabajo, la angustia resultante influirá en la decisión de uno o más miembros de la familia de emigrar a los Estados Unidos.

¿Qué otra cosa podrían hacer? Cuando una familia no tiene acceso a los recursos necesarios para proveer un futuro para los hijos, emigran en busca de nuevos horizontes que les brinden la posibilidad de tener salarios más altos y mejores oportunidades laborales. Para algunos, esto puede implicar viajar hacia otro pueblo más lejano; para otros, implica dejar atrás su hogar, nación, o quizás hasta sus familiares más vulnerables.

La economía global inestable, la agitación política, la crisis ambiental y las transiciones de la comunidad, a pesar de ser factores fuera del control del individuo, tendrán un impacto significativo en la decisión de emigrar. Cuando las corporaciones multinacionales se relocalizan buscando mano de obra más barata, la única base en la economía global es competir con salarios menores. Por desgracia, estos trabajos a menudo pagan sueldos tan bajos que las familias no pueden sobrevivir. Esto empuja a las familias a mandar por lo menos a uno de sus miembros al extranjero, en busca de un salario digno con el que mantener a la familia.

Las necesidades de los niños

Si se deja a un lado lo financiero y otros beneficios, los hogares que los inmigrantes buscan mantener carecen del cuidado y el cariño vitales para el buen desarrollo de los niños, porque de pronto se quedan sin la figura parental que debía garantizarles el cuidado. Este descuido muchas veces genera problemas de comportamiento en el niño. Ante la ausencia de uno o ambos padres hay valores comunes que se erosionan, lazos emocionales que se deterioran y la autoridad parental se ve trastocada. Algunos padres tratan de fortalecer el lazo emocional a costa de perder su autoridad cuando aceptan los caprichos de los niños; otros sacrifican el lazo emocional para ejercer una autoridad estricta pero distante. Esto también tiene efectos adversos cuando los niños se reunifican con sus padres en los Estados Unidos. Aun cuando la familia puede inmigrar junta, es común que los padres se vean forzados a trabajar por salarios tan bajos que necesiten tener varios trabajos, limitando su disponibilidad en el hogar y reduciendo la energía necesaria para el cuidado y la educación de los hijos. Esta situación expone a sus hijos a riesgos.

Como las familias inmigrantes pasan más tiempo separadas que juntas, los padres no pueden acompañar el crecimiento de sus hijos. Comparten momentos esporádicos juntos, especialmente si están separados. Las leyes de inmigración más estrictas y las restricciones con respecto a las visas han hecho imposible a los padres visitar legalmente a sus hijos, y aun los que *sí pueden* regresar para estar con sus hijos, sólo disponen de relativamente poco tiempo antes de verse obligados a regresar.

Esta clase de separación complica la intimidad y el vínculo que se va construyendo con las rutinas diarias de cuidado, la cooperación, la resolución de problemas, y aun por los conflictos. Las separaciones redefinen los roles que los miembros de la familia desempeñan; causan cambios y crean circunstancias que pueden parecer disfuncionales a los ojos de la comunidad, la iglesia y los servicios sociales. Sin embargo, cuando los padres discuten estos cambios abiertamente con sus hijos, las adaptaciones de la familia pensadas a largo plazo contribuyen a la resiliencia del vínculo familiar.

Las personas que trabajan con familias inmigrantes y sus niños tienen que comprender estos factores como causas de fondo de la dinámica familiar en los Estados Unidos cuando los niños se reunifican con sus padres.

Tradicionalmente, la sicología identifica cuatro categorías básicas de la necesidad humana: física, social, cognitiva y emocional. Recientemente, se agregó una nueva dimensión, la espiritual, por la manera en que contribuye a la resiliencia de los niños y sus familias. El reconocer la dimensión espiritual crea oportunidades para las comunidades religiosas con el fin de enriquecer las experiencias de los niños y sus familias durante los tiempos de crisis. Gloria Rodríguez explica que esta dimensión es inherente a la cultura latina.[7] La fe y la espiritualidad dan forma a nuestras costumbres y se convierten en variables poderosas que refuerzan la mente, el corazón y la autoestima en la infancia, además de desarrollar personas que contribuyen a su sociedad.

NOTAS

1. *In Focus: An In-depth Analysis of Emerging Issues in Health in Schools*, p. 1. http://www.healthinschools.org/News-Room/InFocus/2005/Issue-1.aspx. Con acceso en enero de 2008.
2. Ibíd.
3. Ibíd.
4. Para datos básicos sobre niños de inmigrantes, ver www.urban.org
5. Los niños latinos inmigrantes son el porcentaje más bajo de asistencia en la escuela preescolar y el porcentaje más alto de deserción en la escuela superior. Esto lleva a la asistencia de universidad más baja entre todas las razas y grupos étnicos. Los niños indocumentados no tienen derecho a recibir asistencia federal para estudios. Ver http://www.urban.org/url.cfm?ID=901366&renderforprint=1.
6. Por más información, ver Rachel Salazar Parreñas, *Children of Global Migration: Transnational Families and Gendered Woes* (Stanford, CA: Stanford University Press, 2005).
7. Ver Gloria Rodriguez, *Raising Nuestros Niños: Bringing up Latino Children in a Bicultural World* (New York: Simon & Schuster, 1999).

La decisión de partir y cómo communicárselo a los niños

El Señor te bendiga y te guarde; el Señor te mire
con agrado y te extienda su amor.
Números 6:24-25

La decisión de emigrar es muy difícil. Nadie la toma de un momento a otro, sino luego de un proceso de eventos que se acumulan creando una conciencia de crisis. La familia busca alternativas y considera todos los medios disponibles para remediar su situación, pero las cosas siguen empeorando. La familia, ya sin alternativas, opta por lo que nunca hubiera querido hacer: desarraigar la familia en búsqueda de un futuro mejor en otro lugar. Muchas veces la familia decidirá que uno de los padres emigre a los Estados Unidos para buscar un trabajo con el que mantener mejor a la familia. La familia estará separada por un tiempo, pero tienen la esperanza de que un día volverán a reunirse.

¿Cómo comunican los padres esta decisión a los niños? ¿Cómo explicarles que deberán dejar atrás a sus seres queridos? Quizás no hay separación más difícil que la de un padre o la de una madre de su criatura.

Este capítulo presentará los casos de diferentes familias.[1] Después de meses de lucha, Antonio, el padre, ha llegado a la conclusión de que no le queda otra opción que emigrar a los Estados Unidos. Él dejará a su esposa, Nydia, y a sus tres hijos, Emilio, Anita e Ivana, de 9, 7 y 5 años, respectivamente. Él se consuela y tranquiliza a su esposa pensando que su padre, Salvador, y su hermano Joaquín, podrán velar por su familia y ayudar con los niños.

Cuando un padre emigra

Antonio: Ni siquiera con tres trabajos puedo mantener a nuestra familia. No podemos sobrevivir sólo con lo que gano. Mi hermano sugirió que me vaya a los Estados Unidos. Yo no quiero irme, pero me parece que no tengo otra opción.

Nydia: ¿Que pasará con los niños? Yo he visto lo difícil que es para nuestra vecina Ramona. Tiene un hijo de 13 años y su padre se fue hace seis años. No quiero que nuestros hijos se críen sin el padre.

Antonio: ¿Tú crees que no lo pensé? Regresaré antes que Emilio cumpla los 12. Yo puedo...

Nydia: *(interrumpiendo)* Pero de aquí a que regreses, tu relación con Emilio no será igual.

Antonio: Bueno, entonces, dime qué quieres que haga para mantener a esta familia. El gobierno no nos ayuda, y con mi sueldito no se puede ni comprar un litro de leche. No, yo comenzaré a hacer arreglos para irme. Mi padre te ayudará, y yo le pediré a mi hermano Joaquín que le empiece a enseñar a Emilio sus responsabilidades. Las dos niñas son tuyas.

Nydia: *(llorando)* ¿Cómo se lo diremos a los niños?

Antonio: No se lo diremos hasta la noche antes de irme. Así habrá menos tristeza para todos.

El proceso de la decisión

La familia siente que la inmigración del padre es la única opción. Los padres discuten el cuidado de los niños y la relación con los abuelos, pero los niños no son parte de la conversación ni del proceso de la decisión. A ellos recién se les dirá la noche antes de que su padre se vaya; eso les dará poco tiempo para procesar la idea o para expresar sus emociones.

Si bien los padres no quieren prolongar la ansiedad de los niños, sería mejor reconocer tanto las emociones dolorosas de los niños como la de los adultos, y comunicarles la decisión con tiempo, para que todos tengan oportunidad de expresar el amor que se tienen. Juntos pueden hablar de cómo se mantendrán en contacto, y ayudar a los niños a entender el silencio de su padre cuando él no pueda ponerse en contacto con ellos. Ellos podrían participar en la discusión de cómo otros miembros de la familia van a mantener a Mamá y a los niños, tanto emocional como materialmente. La familia también puede tratar el tema de la esperanza por su reencuentro.

Claramente, la emigración afectará a la familia y se tendrán que hacer ajustes. El hablar juntos sobre la situación es una manera de prepararse para los cambios. Los padres tendrán que discutir primero los asuntos que deberán enfrentar y luego explorar las estrategias para hablar con los niños; pero sí se les debe informar con tiempo a los niños.

La comunicación a los niños

Nydia: Nydia. Saben que Papi y yo les queremos mucho. Lo que hacemos es porque los amamos.

Antonio: Algunas veces, para demostrar nuestro amor hay que hacer cosas difíciles para todos. Digo esto porque necesito ir a los Estados Unidos para encontrar trabajo. Ustedes saben que a pesar de tener tres trabajos, no nos alcanza para cubrir nuestras necesidades, la comida que comemos ni los libros para la escuela. Así que me voy para trabajar, porque los amo y quiero lo mejor para ustedes.

Anita: Papi, ¡yo quiero ir contigo! Me va a dar miedo si te vas.

Antonio: Mamá estará contigo, y ella te va a cuidar muy bien.

(Nydia abraza a Anita e Ivana mientras comienzan a llorar. Antonio les pasa la mano por el cabello y mira a Emilio con cariño).

Emilio: ¿Te irás por mucho tiempo? ¿Podré verte para mi cumpleaños o para la Navidad? ¿Podremos hablar por teléfono? Mi amigo Arcadio habla con su papá por teléfono a veces.

Antonio: *(Sienta a Emilio en su falda).* Emilio, en este momento, no sé las respuestas a esas preguntas porque no sé que clase de trabajo encontraré. Sé que es difícil cruzar seguido la frontera, así que lo más probable es que tenga que quedarme allá por un tiempo. Pero te voy a extrañar mucho y te llamaré siempre que pueda. Así que escribe las cosas que me quieras decir para estar listo cuando te llame. Tú también les puedes ayudar a Anita e Ivana a hacer listas también.

(Aunque todavía visiblemente triste, Emilio está satisfecho con su nueva tarea. Ivana besa a su padre y lo abraza fuertemente, como si así pudiera prevenir su partida).

Nydia. Ivana, yo sé que vas a echar de menos a Papito, pero él se acordará de tus besos y abrazos y eso lo mantendrá fuerte en su trabajo. Mientras él esté ausente, tú puedes tirarle besos a su retrato y el hará lo mismo con los nuestros. Mantendremos fuerte nuestro amor el uno para el otro.

Cómo procesar las emociones

En este diálogo los niños expresan sus emociones y confirman que sus padres los aman. La familia comienza a establecer rituales que los ayudarán a mantener viva la memoria y preservar los lazos afectivos mientras Papi está ausente. Los rituales como el hacer listas y tirarle besos a los retratos se convertirán en puntos de contacto entre el padre ausente y sus hijos.

Ésta es sólo una de las varias conversaciones que la familia deberá tener antes de que el padre se vaya. Fíjense que la niña menor, Ivana, no es muy verbal, pero expresa su deseo de proximidad y consuelo abrazando a su padre. La madre pone en palabras lo que Ivana expresa con sus acciones.

Como los niños menores no siempre pueden expresar sus pensamientos y emociones por medio de palabras, los adultos equivocadamente asumen que son demasiado jóvenes para comprender. Los niños pequeños quizás no comprendan todos los detalles, pero sí entienden la separación y se angustian. Los niños menores no pueden *definir* sus emociones, pero sí las manifiestan. Sus acciones deben ser entendidas como palabras. Lo más importante para Ivana era estar segura del amor de su padre antes de que él se fuera. Él necesitará crear oportunidades frecuentes para expresarle su amor a cada uno, y necesitará dejar que los niños estén con él para que puedan despedirse con tiempo.

En cuanto los padres estén seguros de la decisión de emigrar, se lo deben comunicar a sus hijos. Llevará tiempo ensayar lo que les dirán para asegurarles que los aman cada vez que conversen con ellos. Es importante ser sinceros con ellos, tanto de lo que se sabe (Papi se va; él los ama) como de lo que se ignora (por cuánto tiempo, la fecha de su regreso). Las mentiras serán descubiertas, creando desconfianza entre padres y niños. Cuando no se les da suficiente información a los niños, ellos llenan los blancos con sus propias explicaciones. Es especialmente importante explicar por qué el padre se va; de lo contrario, los niños pueden creer que ellos son la razón de la partida. Esto crea un sentimiento de culpabilidad que se puede convertir en enojo cuando la familia se reencuentre.

La comunicación

Las muchas variables no predecibles pueden hacer que los padres no puedan definir de antemano los términos de su separación: la duración, el plan para reunificarse, las estrategias para mantener sus relaciones. La situación se desarrollará con el tiempo y quien queda con la responsabilidad del cuidado de los niños debe ponerlos al día con los cambios en la vida del padre ausente. Las conversaciones se parecerán a una historia que nunca termina, y siempre queda pendiente, en «Continuará». A medida que se produzcan cambios en la situación o las circunstancias, los padres o quienes queden a cargo de los niños necesitan informárselos. En la medida de lo posible, conviene que las explicaciones satisfagan plenamente las inquietudes de los niños, porque estas conversaciones se convertirán en la historia personal y permanente de su vida, e influirán en la percepción que ellos tengan de sí mismos y en sus relaciones con los demás.

En la próxima conversación se encontrarán con Rosie, una madre soltera con dos hijos. La hermana de Rosie, Mina, emigró a los Estados Unidos hace dos años y ahora la ha convencido de ir a los Estados Unidos a buscar trabajo. La idea es compartir los gastos y Mina promete ayudarla a encontrar trabajo. Rosie ha decidido dejar a sus dos hijos (Edgar, de 11 años, y José, de 7) al cuidado de Ernestina, su prima y vecina, quien tiene un hijo propio. El hermano de Rosie, Carlos, sólo tiene 17 años, pero ha prometido pasar tiempo con sus sobrinos todos los fines de semana. Rosie sabe que se le romperá el corazón tener que decirles a sus hijos que se va. Quiere irse a medianoche y dejar que Ernestina les diga a los niños que ella se fue a cuidar a su madre enferma en otra ciudad. Ernestina rehúsa mentirles. Sin otra opción, Rosie acepta hablar con sus hijos.

Cuando una madre soltera emigra

Rosie: Edgar y José, tengo que ir a los Estados Unidos a trabajar. Ustedes se van a quedar con Ernestina y ella los va cuidar muy bien. Yo les mandaré dinero para que les compre bicicletas y tío Carlos ha prometido enseñarles a andar. Les gustaría eso, ¿no? ¿Andar en bicicleta por el barrio?

Edgar: Yo quiero una bicicleta ¡pero no si te tienes que ir!

José: ¿Por qué te tienes que ir? ¿Qué hicimos, Mami? Me voy a portar bien, te prometo.

Rosie: No, no, no has hecho nada malo, mi amor. Tú no entiendes. El dinero que gano cosiendo ropa aquí no me alcanza. Yo no quiero vivir así.

Edgar: ¿Crees que queremos bicicletas y juguetes más que a nuestra propia madre?

Rosie: Yo sé que me amas más que a cualquier regalo. Pero, Edgar, el dinero de la costura no es suficiente para pagar la renta de este apartamento. Pronto nos van a sacar de aquí y yo no quiero que vivamos en una choza con un techo que gotea. ¡Ni siquiera puedo pagar la escuela!

Edgar: *(desesperado, su aflicción hace que se enoje)* Yo encontraré un trabajo para pagar las clases. ¡No quiero que te vayas como se fue papá!

Rosie: *(comenzando a llorar)* Por favor, no hagas esto más difícil de lo que es.

Cómo procesar las emociones

Rosie decidió hablar con los niños, pero no estaba preparada para las reacciones de sus hijos ante el anuncio de su partida. Ella pensó que con la promesa de las bicicletas la noticia no les caería tan mal. Sin ser su intención, con esa idea estaba sugiriendo que sus hijos no tendrían inconveniente en cambiar a su madre por un regalo caro. Quizás Rosie no sepa lo importante que es ella para sus hijos; si su partida no fuera tan trascendente para ellos, a ella se le haría más fácil dejarlos. En realidad, ambos niños buscan desesperadamente hacer cualquier cosa para mantener a su madre con ellos en el hogar: José le promete que se portará mejor y Edgar se ofrece a trabajar después de clase. Estas estrategias revelan la inseguridad de los niños ante la partida de Rosie.

Otro asunto subyacente en la respuesta de Edgar es el abandono previo de su padre. La partida de Rosie remueve esa herida y produce el temor de que ella también los abandone. José, el menor, piensa que debió haber hecho algo tan malo que su madre decidió marcharse. El enojo que Edgar todavía tiene por causa de su padre se puede trasladar muy fácilmente a su madre si ella también se va. Con el tiempo, ese enojo podría convertirse en resentimiento y fracturar de forma definitiva la relación entre madre e hijo.

De todos modos, Edgar puede entender la situación económica y se ofrece a encontrar trabajo. Esto es muy común en muchos de los países de donde emigran los hispanos. Es muy natural para Edgar proponer esta opción a su madre.

¿De qué otra forma podría haber ayudado Rosie a sus hijos a comprender mejor su decisión? Dada la diferencia de edades entre los hermanos, de cuatro años, hubiera sido más efectivo tener una conversación individual con cada uno por separado. De esa manera, podría hablar con cada hijo de acuerdo al entendimiento de su edad. Cada niño procesará la partida de su madre de manera distinta y tendrá distintas emociones, según el grado de madurez que tenga.

Por ejemplo, Edgar es lo suficientemente mayor para reconocer los problemas económicos y querer ayudar; pero también es lo suficientemente mayor para recordar el trauma de la pérdida de su padre, y esta separación de su madre puede reavivar sentimientos de angustia, enojo y temor. Rosie debería tomar en serio las emociones de su hijo y encararlas con franqueza: reconocer que su hijo es consciente de la pobreza en que viven, darle la responsabilidad de ser un excelente estudiante para que en el futuro pueda mantener a su familia, informarle los detalles prácticos de su ausencia y de su cuidado, y apoyarlo emocionalmente dándole seguridad de su amor por él y su intención de regresar tan pronto como sea posible.

Con José, el de siete años, Rosie puede usar más caricias que palabras para transmitirle amor e infundirle confianza. Abrazarlo, hacerle cosquillas, jugar con él son maneras efectivas de establecer una conexión que le ofrezca tranquilidad. Los niños menores habitualmente no pueden expresar sus emociones por medio de palabras, pero Rosie puede verbalizar en palabras las emociones de José expresando lo que ella misma siente, que lo ama, que está triste por tener que irse, que lo echará de menos hasta que puedan estar juntos otra vez. El buen humor y los juegos pueden ayudar a bajar los niveles de ansiedad, infundiendo esperanza a los problemas reales. Por su parte, José tendrá que saber a dónde va su mamá, quién lo va a cuidar y cómo se comunicarán mientras estén separados. Estos detalles deben concordar con lo que le diga a Edgar, pues los niños luego hablarán entre sí y se sentirán más confiados si ven que su madre fue honesta con ellos.

Las personas a cargo del cuidado de los niños

¿Con qué criterio escogió Rosie a Ernestina para encargarse de sus hijos? ¿Qué factores hay que considerar? ¿Es importante que sean parte de la familia o que pertenezcan a la misma comunidad para mantener la rutina de los niños? La relación existente y la familiaridad con los niños son factores importantes para que los niños no se sientan que se los dejó con un extraño. Escoger una persona que tenga los mismos valores y que conozca las experiencias diarias familiares permitirá cambiar lo menos posible la vida de los niños. Esto también asegurará que cuando la familia se reunifique, los niños no sientan a sus padres como extraños. Como padres, nos damos cuenta de que no hay nadie que pueda suplir todo lo que los niños necesitan, así que Rosie ha suplementado el rol de Ernestina con su hermano, para que los niños tengan otra compañía y una figura masculina. Finalmente, también es necesario considerar la energía y la salud de quien queda a cargo.

El rol de Ernestina será muy importante mientras Rosie esté ausente. Ernestina tendrá que mantener una rutina diaria lo más similar que pueda a la que los niños estaban acostumbrados. Ella tendrá que dedicar tiempo a conocerlos en forma individual y deberá tratar de alterar sus vidas lo menos posible, especialmente al principio. Cada uno de los niños requerirá un tiempo de acomodo, y Ernestina debe prepararse para dejarles expresar sus emociones, y aun el enojo.

La persona a cargo deberá reforzar la verdadera razón de la ausencia de los padres y mantener un ambiente de estabilidad, cuidado y cariño. Cuando el padre o la madre manden dinero, deberá vincular el envío con el sacrificio y el amor por sus hijos. En el mejor de los casos, los niños internalizan como su voz propia lo que la persona a cargo les dice del amor de sus padres.

A veces, el niño no se encariña con la persona encargada, pero su relación puede ser de respeto mutuo. El respeto sirve para continentar las emociones fuertes, y crea y preserva patrones y rutinas saludables dentro de una relación. Eventualmente, el respeto les servirá para mantenerse enteros a través del escabroso terreno relacional que tengan que transitar en el presente y en el futuro. De cualquier manera, si la forma que el niño escoge para lidiar con la ausencia del padre o de la madre es distanciarse emocionalmente de la persona encargada de cuidarlo, ese distanciamiento se puede convertir en un patrón que dificulte la intimidad en las relaciones afectivas futuras. Puede ser aconsejable la terapia sicológica durante la adolescencia o en la adultez para reconocer y superar esos asuntos relacionales.

Y ¿qué pasa con los secretos y los cuentos?

Algunas familias escogen mantener secreta la razón verdadera por la cual un padre ha partido y a los niños se les da otra versión de la situación. Las familias que no están preparadas para lidiar con los trastornos que genera la emigración muchas veces procuran proteger a los niños a través de secretos (se prohíbe hablar del tema) o de cuentos (no se les dice la verdad). Desafortunadamente, esa mala información y las medias verdades crean confusión y pueden convertirse en desconfianza crónica cuando los niños llegan a la adultez. Aunque los adultos traten de remediar esto con honestidad en el futuro, los niños todavía pueden tener una primera reacción de desconfianza ante cualquier cosa que les diga un adulto. En esos casos, la meta es cultivar lentamente un nuevo patrón de confianza como segunda respuesta.

¿Es que alguna vez se justifica ocultarle la verdad a un niño? Sí. En condiciones de guerra civil, puede que sea demasiado peligroso revelar la verdad a los niños, así como a los vecinos, los líderes de la iglesia, y aun a los propios parientes. Los secretos pueden proteger de la persecución o la discriminación a los que se quedan. En estos casos, la familia debe ponerse de acuerdo con la versión menos peligrosa y la que cause el menor estrés en los niños.

Los niños pueden entender cuando uno o ambos padres tienen que partir para liberar a la familia de la pobreza o de la guerra. Ellos ven que el sacrificio ofrece un mejor futuro a la familia, y este sacrificio justifica la decisión del padre de partir. La persona a cargo, las amistades, los vecinos, los pastores y aun los maestros de escuela pueden reforzar esta explicación de la decisión de los padres de emigrar. Cuando quienes rodean a los niños aceptan la emigración como inevitable, los niños no se sienten rechazados ni abandonados.

Vale la pena notar que cuando la partida de uno de los padres es en respuesta a un problema común como la pobreza, la familia se unifica alrededor de esa partida. En cambio, cuando la razón se relaciona con conflictos internos de la familia como el abuso conyugal, la familia se divide, haciéndolo más difícil para los niños. Ellos pueden sentirse obligados a tomar partido por uno de los padres. O, si el conflicto se ha mantenido en reserva, los niños pueden sentir resentimiento hacia el padre o la madre ausente porque no entienden las razones de la separación.

Preparación de la partida

Excepto en aquellos casos en que la verdad representara un peligro para la familia, los padres siempre deben comunicar la verdad a sus hijos. Recuerden: las mentiras y las medias verdades son crueles y confunden a los niños; los padres y las personas a cargo de ellos sólo deben hacer promesas que puedan cumplir. Esto creará un clima de confianza. Los padres deben encontrar la forma de pasar suficiente tiempo con cada uno de sus hijos antes de partir, aprovechando cada oportunidad para comunicarles su amor, y el compromiso y la intención de reunirse con la familia tan pronto sea posible.

Las normas culturales determinarán cómo los niños comprenden y se adaptan a la separación de sus padres. En una cultura donde la familia en gran manera determina el lugar que una persona ocupa en su comunidad, los niños cuyos padres están ausentes pueden sentirse diferentes de sus pares, en particular si sus compañeros se burlan o se ríen de ellos. Una vez más, el rol de la persona a cargo es crítico; debe ser sensible a esas dinámicas y procurar mantener una comunicación fluida con los niños y la comunidad. La persona a cargo puede conseguir el apoyo de pastores o maestros para brindarles más atención y apoyo, y ser más comprensiva con los niños aislados.

NOTAS

1. Las conversaciones e historias en este volumen provienen de experiencias reales y/o comunes. Para hacer más universales las experiencias de las familias hemos usado nombres y detalles ficticios. Así, se pueden aplicar a diferentes grupos culturales con origen en una variedad de países. Por esta razón no se mencionan países específicos.

CAPÍTULO 2

Reencuentro con los niños en una nueva tierra

Ni las muchas aguas pueden apagarlo,
ni los ríos pueden extinguirlo.
Cantares 8:7

En el primer capítulo se consideraron dos familias en las cuales uno de los padres busca trabajo en los Estados Unidos y deja a sus hijos con la madre o con un pariente de confianza. Para ambas familias la meta es la eventual reunión de padres e hijos. Pero la reunificación de la familia trae sus propios desafíos, particularmente si la separación ha sido larga. Consideremos la historia de la familia Hernández.

Olivia y Víctor Hernández llegaron a los Estados Unidos hace cinco años; dejaron a sus tres hijos (Luis, Isabela y Alicia, de 8, 10 y 13 años, respectivamente) con Irene y Pedro, los padres de Olivia. Olivia y Víctor trabajaron arduamente para mantener a sus hijos en su país de origen. Cuando tuvieron medios para rentar un apartamento lo suficientemente amplio para los cinco, planificaron cuidadosamente la mejor oportunidad y forma de reunificar a la familia en los Estados Unidos. Todas las noches, mientras Olivia y Víctor descansaban en su cama, hablaban, haciendo y rehaciendo sus planes hasta que se sintieron satisfechos con sus arreglos.

Llenos de entusiasmo, llamaron a los padres de Olivia para anunciarles sus planes de traer los niños a los Estados Unidos.

13

Planificación conjunta de padres y personas a cargo

Olivia: Mamá, el apartamento está listo. ¡Los niños ya pueden venirse a vivir con nosotros!

Abuela Irene: Olivia, cálmate. Tendrás que tener mucho cuidado. Los niños se sienten tranquilos aquí; conocen su vecindario y sus vecinos. Les esta yendo bien en la escuela. Los estarás mudando a un lugar totalmente extraño. Puede ser que les dé miedo.

Olivia: Pero estarán con nosotros, sus padres. Seremos nuevamente una familia completa. ¿Qué más se necesita para hacerlos felices?

Abuela Irene: Los niños se van a poner muy contentos, los han echado mucho de menos. Pero aquí tienen una vida, y es la única que conocen. Y tampoco saben hablar el idioma de allá.

Olivia: Ellos van a vivir mejor acá, ¡con nosotros! Tú no sabes lo que hemos trabajado, lo que hemos pasado para poder traerlos. Yo sé que al principio tendrán miedo, pero los ayudaremos. Si nuestros cerebros más viejos pudieron aprender el inglés, sus cerebros más jóvenes lo harán aún más rápido.

Abuela Irene: Sí, pero les tomará más tiempo de lo que crees. Víctor y tú trabajan largas horas, ¿quién los va a ayudar con sus tareas después de las clases? Yo le enseñé a Alicia a cocinar, para que ella ayude con la cena. Pero será una responsabilidad nueva para ella hacerlo sola todos los días. Olivia, sólo quiero que sepas lo difícil que va a ser para ellos.

Olivia: *(poniéndose a la defensiva)* Mamá, por favor, ¿Me estás diciendo que yo no sé como ser su madre? Por más que hace cinco años que no están con nosotros, ¡no me he olvidado cómo ser madre!

Víctor: *(tomando el teléfono para apaciguar la conversación)* Hola Mamá Irene. Queremos tener a nuestros hijos con nosotros. ¿Puedo hablar con don Pedro, por favor? Quiero preguntarle de la finca.

Abuela Pedro: *(después de una conversación superficial)* Víctor, escucha, las madres se ponen nerviosas cuando se trata de sus hijos, pero habla con Olivia y ayúdale a entender lo que estamos tratando de decir.

Víctor: Dígamelo usted para que yo pueda explicárselo a ella.

Abuela Pedro: Los niños tienen amistades aquí y una vida familiar. Ustedes los estarían separando de lo que conocen y aman, para llevarlos a un mundo nuevo y desconocido para ellos.

Víctor: Pero ¡nos conocen a nosotros! ¡Ellos nos aman!

Abuela Pedro: Sí, sí. Pero acuérdate de que Luisito apenas tenía tres años cuando ustedes se fueron. Él tiene pocos recuerdos de ti, y aun para las niñas mayores, tú y Oliva serán como extraños. Pero no te preocupes, nosotros los prepararemos para el viaje y para lo que puedan esperar. Sólo ten presente que esto será difícil y atemorizador, especialmente para el más pequeño.

Víctor: Seguro, seguro, está bien. *(Cuelga el teléfono, mientras siente que el corazón se le acelera).*

El reencuentro con los hijos

Olivia y Víctor han trabajado arduamente, y creen que tienen todo planificado. Tienen trabajos estables con buenos sueldos, un hogar bueno, y hasta una escuela buena ya elegida. Han hecho los arreglos para que sus hijos atraviesen la frontera en forma segura. Están muy impacientes y ansiosos por tener a su familia unida de nuevo. Pero quizás no le han prestado suficiente atención al impacto emocional que el cambio producirá en sus hijos. Ellos necesitan pensar qué pasará *después* que vuelvan a estar juntos. ¿Cómo responderán los niños y cómo se adaptarán a los cambios? ¿Cómo será la relación entre padres e hijos después de cinco años de separación?

La persona que quedó a cargo de los niños cumple un rol central porque debe preparar a los niños emocional y sicológicamente para la reunificación de la familia. Así como lo hicieron los padres antes de emigrar, ahora quienes hayan quedado a cargo de los niños tendrán que explicarles a cada uno, con claridad y sinceridad, el cambio que se avecina en sus vidas a fin de prepararlos para la transición. Esto incluye darles detalles de la fecha de partida y advertirles qué cosas podrán llevar y cuáles, no. La persona a cargo también debe prever tiempo para que los niños se despidan de los lugares especiales para ellos y de las personas más queridas. Y, por supuesto, los niños también necesitan tiempo para procesar la despedida de la persona que los cuidó durante todo este tiempo.

Las conversaciones entre la persona a cargo y los niños deben procurar traer a la memoria los recuerdos que tengan de sus padres para explorar cómo todos deben haber cambiado durante este tiempo. Será necesario recordarles a los niños el amor de ambos padres y reforzar el respeto que los niños deben tener hacia el sacrificio y la autoridad de sus padres.

La relación entre los niños y los padres es muy frágil al principio de la reunificación familiar. Difícilmente será una relación normal de padres e hijos cuando por largo tiempo no se han compartido las rutinas diarias que afianzan el núcleo familiar. El reanudar estas rutinas contribuirá a crear la confianza necesaria a medida que la familia se reunifica.

No es posible esperar que los niños lleguen y esa confianza se recupere sin esfuerzo. Se los sacó de su ambiente familiar y se los puso en un lugar desconocido, lleno de retos nuevos. Puede que todavía haya confusión, enojo y desconfianza por la anterior partida de sus padres. En los primeros días de adaptación, tal vez sólo toleren a sus padres. Los padres deberán establecer reglas que protejan a los niños en un ambiente nuevo y desconocido; pero los niños podrían interpretar estas reglas como crueles o como un castigo. Esto podría dar lugar a sentimientos de enojo agravados por el dolor de la pérdida de su ambiente familiar y podría llevarlos a expresar la maraña de emociones que están viviendo por medio de la rebeldía. La tentación para los padres es responder con frustración y exigirles a los niños que reconozcan sus años de sacrificio. Antes que ceder a esa tentación, mejor sería que los padres hablaran de estos asuntos con otros adultos, o con quienes hayan pasado por situaciones de transición semejantes. Con el tiempo, y con paciencia y cariño constantes, los padres encontrarán que la rebeldía pasará y se incorporarán mejores modos de relacionarse con los niños que permitirán reestablecer la confianza.

La historia de Emma

Emma tenía nueve años cuando su madre emigró a los Estados Unidos y dejó a Emma con su tía Ruthie. Ruthie, una mujer cariñosa y cuidadosa, le prodigó atención y afecto durante la ausencia de su madre. Por tres años, Emma gozó del amor de su tía y de los regalos que su mamá le mandaba, que le permitían a Emma tener cosas que ningún otro niño en el barrio tenía. Aunque tía Ruthie procuró enseñarle a Emma a compartir y ser generosa con los otros niños, para los hijos de Ruthie, Emma era una consentida.

Cuando Emma cumplió 12 años, su madre mandó por ella. Al principio Emma estaba muy contenta de estar con su mamá, pero pronto descubrió que la vida con su mamá era muy diferente a lo que ella recordaba, y muy distinta a su vida con tía Ruthie. Mamá trabajaba largas horas, y Emma tenía que cocinar y arreglar la casa antes de que su madre llegara del trabajo. A Emma no se le permitía salir afuera a jugar con las amigas como lo hacía en su país. En fin, Emma no tenía amistades. Las niñas en la escuela se vestían de una forma que su tía diría que no era apropiada para una dama, y las niñas ridiculizaban a Emma por ser distinta.

Cuando su mamá llegaba del trabajo, Emma casi nunca quería hablar y su mamá la mandaba a su cuarto a hacer los deberes. Si Emma tenía una pregunta o si terminaba temprano, se encontraba con su mamá durmiendo en el sofá con la televisión a todo volumen. Ellas no se comunicaban. Emma se había acostumbrado a tener largas conversaciones con su tía Ruthie mientras cocinaban, lavaban ropa o cuidaban a los más pequeños, pero no sabía cómo comunicarse con su mamá. De todos modos, su mamá no habría entendido la nostalgia que sentía. ¡Cómo extrañaba a su tía!

Emma se escribía con su tía y sus amistades, pero su madre se quejaba del costo de los sellos. Emma se aislaba y se deprimía cada vez más, hasta que un día explotó.

Del silencio a los gritos

Mamá: Las habichuelas tienen poco sabor. Debes sazonarlas más la próxima vez.

Emma: *(enojada)* ¿La próxima vez? ¡La próxima vez te las cocinas *tú*! ¡Yo no soy tu esclava!

Mamá: No. Mira, tú no serás mi esclava, pero sí eres mi hija, y no me vas a hablar faltándome el respeto. No me sacrifiqué trabajando tanto para traerte aquí, para que ahora me trates así.

Emma: Sólo me trajiste aquí para que limpiara y cocinara para ti. Tía Ruthie me dijo que te respetara y que me portara bien porque tú me amas. Pero se equivocó. ¡Ella es la que me ama! Yo quiero regresar a mi casa con la tía.

Mamá: Esta es tu casa. Yo soy tu madre, no Ruthie. Te quedarás aquí y aprenderás a respetarme.

Emma: ¿Para qué? Si yo no te importo. Además, cuando estás en casa, te la pasas quejándote o durmiendo y dándome tareas. No te importa que odie este apartamento y esa escuela donde las muchachas se burlan y se ríen de mí. ¡Odio vivir aquí! ¡Mándame de vuelta! ¡Quiero volver!

Mamá: ¡Jamás volverás! Tu tía te ha consentido tanto que no puedes apreciar lo mucho que me he sacrificado para que vivieras como una reina mientras estabas con ella. *(sacudiendo una mano en alto)*

¡No! Yo no quiero que me hables más de tu tía hasta que aprendas a amarme y respetarme como tu madre. Irás a la escuela. Ayudarás con la casa. Y obedecerás mis reglas porque yo soy tu madre. ¡Yo! y no tu tía Ruthie. Ahora, levanta la mesa y ponte a hacer tus tareas. ¡Ya mismo!

Procesando el enojo

Emma y su mamá están heridas, enojadas y frustradas. Nunca se imaginaron lo difícil que sería volver a convivir en familia. No saben cómo hablarse y, cuando por fin lograron comunicarse, las cosas más importantes quedaron sin decirse.

Emma no confesó que estaba triste ni que extrañaba y se sentía insegura y sola en un país nuevo, en una escuela nueva, sin nadie que le ayudara a entender la cultura, el lenguaje o sus nuevas responsabilidades en el hogar. Su madre tampoco le contó cómo durante todo el primer año de separación ella se dormía llorando todas las noches pues echaba de menos a su hogar, sus amistades y, más que a nadie, a su hija. Emma no admitió que se siente insegura y que siente que nadie la quiere porque su madre parece indiferente o muy cansada para pasar tiempo con ella. Su madre no le explicó que no sale ni la deja salir sola a Emma porque es peligroso andar a solas en una ciudad extraña, y porque todo es demasiado caro en los Estados Unidos.

La mamá de Emma no quiere admitir que se siente herida y está celosa de que otra mujer sea objeto del cariño y la lealtad de Emma. Tampoco reconoce su propio sentido de culpabilidad por no haber traído a Emma desde el principio. Sus emociones le impiden escuchar el dolor y la tristeza de Emma, y sólo ve el enojo y la falta de respeto. En vez de tener una conversación abierta y franca sobre las dificultades que están viviendo, Emma y su madre han aumentado la distancia que las separa y agregado más desencanto a su frágil relación.

¿Qué cosas se pueden prever?

Algunas cosas toman a los padres por sorpresa cuando la familia se reunifica. Durante la separación de sus hijos, los sueños y las expectativas que tenían los alentaron a seguir adelante a pesar del sufrimiento. Al prepararse para la llegada de sus hijos, prestan mucha atención a los detalles de la vida material: un lugar para vivir, la escuela a la que van a concurrir, el presupuesto necesario para mantenerlos. Pero separados por la distancia y el tiempo, los padres inmigrantes no tienen idea de los sentimientos y las emociones que albergan sus hijos y ni siquiera, tal vez, de los propios. Las tensiones diarias afloran en el momento menos pensado.

Los adultos tienden a desestimar o ignorar todo el sufrimiento que experimentan los niños; primero, porque sus padres se fueron y los dejaron, y luego porque ahora ellos tienen que dejar su mundo y las personas que los cuidaron para irse a vivir a una tierra desconocida. El dolor que sienten se puede manifestar a través de silencios y comunicaciones lacónicas, mal humor persistente o desinterés generalizado por su entorno. Al principio, esa pasividad puede entenderse como normal y atribuirse al cansancio o a la timidez, o incluso interpretarse como obediencia. Los niños menores en particular pueden exhibir hipersensibilidad y llorar por cualquier cosa. Los niños mayores tal vez exhiban ansiedad y miedo ante sus nuevas circunstancias de vida y estos sentimientos podrían convertirse en enojo. Todas éstas son señales de depresión.

El buen comportamiento de Emma al llegar a los Estados Unidos fue su manera de sentirse unida a su tía, al imaginar el placer y el orgullo que sentiría su tía Ruthie si la viera actuar con los valores que ella le había inculcado. Tal vez Emma haya sentido que tenía una deuda con su madre, por los sacrificios que había hecho para darle una vida de bienestar, pero el periodo de adaptación le estaba resultando demasiado difícil y, sin el consuelo de su madre, la obligación se convirtió en resentimiento.

Por su parte, la mamá de Emma también estaba dolida y tenía sentimientos de culpa. Es común que los padres se sientan amenazados por el apego de un niño hacia la persona que lo cuidó durante tanto tiempo. Pero, prohibirles mencionar y hablar de esa persona priva al niño de la forma más importante de procesar la pérdida. Reprimir la pena puede generar depresión y ansiedad, y tensionar aún más una relación ya de por sí muy frágil entre el niño y la madre, o el padre, con quien ha vuelto a vivir.

La ansiedad y la angustia impiden que los niños organicen debidamente sus pensamientos, causando efectos más allá de la relación entre padres e hijos. Esto podría convertirse en un factor de distracción en los niños inmigrantes que no están en condiciones de darse el lujo de perder la concentración en la escuela, especialmente en los primeros años de adaptación. Los padres deben estar preparados para invertir tiempo y volcar su energía para apoyar la educación de sus hijos hasta que, con el tiempo y los progresivos ajustes, los niños logren recomponer sus pensamientos y sus sentimientos.

¿Qué pueden hacer los padres?

■ **Establezca nuevas rutinas.** Como hemos mencionado, las rutinas diarias que permiten saber a qué atenerse, que crean seguridad y que promueven la responsabilidad en los niños, también ayudan a construir el vínculo entre padres e hijos. Los niños saben qué se espera de ellos, y los padres se reafirman como figuras dignas de confianza. La interacción físico-social del padre o la madre con sus hijos es crítica, especialmente si son menores de 10 años. Ya sea por medio de cosquillas, abrazos, juegos de mesa todas las noches o estableciendo una rutina a la hora de acostarse con un cuento y mimitos, esta interrelación lentamente forjará lazos de amor y confianza.

■ **Integre las historias de su viaje a las rutinas.** Los niños necesitan saber cómo fue la experiencia de inmigración para sus padres. ¿Qué cosas fueron difíciles? ¿Qué fue cómico? ¿Qué fue extraño o que cosas les produjeron miedo? ¿Qué es lo que más echan de menos de su país? ¿Cómo vivieron los años que la familia estuvo separada? Asimismo, los padres necesitan darles la misma oportunidad a sus hijos de contar sus historias: cómo era la vida en su país, y cuáles son las preocupaciones y los desafíos que plantea volver a vivir en familia.

■ **Acostúmbrese a hablar de sus emociones.** Es un consuelo saber que otros han pasado por lo mismo y también se han sentido temerosos, enojados, tristes o confundidos. Los padres pueden referir las experiencias que tienen en común con otras familias para mostrar que comprenden lo que los niños están pasando, como individuos y como familia.

■ **Exprese palabras de aprobación.** Tanto los padres como los niños necesitan sentirse seguros en sus nuevos roles y responsabilidades. Saber que se cuenta con el beneplácito de los padres crea un ambiente positivo en la familia y estimula el deseo de esforzarse para mejorar la relación, aun en medio de conflictos o dificultades. Los padres que elogian el esfuerzo de sus hijos fortalecen un sentimiento de aptitud en el corazón y la mente de sus hijos. La estimulación es tanto o más importante que la corrección en la niñez, porque además de infundir confianza en las propias aptitudes, inspira confianza en la persona mayor que reconoce el esfuerzo. Cuando una persona los aprecia y estimula, los niños perciben que la persona los ve como son y que comprende lo que quieren llegar a ser.

■ **Incorpore a otra persona.** Si la comunicación se deteriora, la presencia de un pastor o sacerdote, docente u otro padre o madre inmigrante servirá para restaurar el diálogo entre padres e hijos.

¿Y después?

Recuerde que el proceso de reunificación es estresante para todos los miembros de la familia. La familia necesita el apoyo de otros mientras todos reaprenden a convivir juntos. Las iglesias, los centros comunales y las escuelas pueden proveer esparcimiento y actividades a precios módicos que pueden ser compartidas por niños y padres. Estas organizaciones también pueden crear una atmósfera propicia al tipo de comunicación que fortalecerá la relación. La comunicación intencional es el factor clave que hará que los niños se revinculen con los padres, o se mantengan alejados y rebeldes.

La historia de Emma nos ilustra las expectativas tan distintas que los niños y los padres pueden formarse de cómo será la relación. Las discusiones y los conflictos entre Emma y su mamá continuarán hasta que logren componer su nueva relación como madre e hija. Que lo logren dependerá también de otras personas.

¿La persona que quedó a cargo, como tía Ruthie, correrá al rescate de Emma, empeorando así la relación entre madre e hija? ¿O tía Ruthie usará su influencia para aconsejar a Emma a seguir trabajando para recomponer la relación con su madre, y entonces escuchará las dificultades de Emma y será comprensiva, pero la animará a comunicar esas heridas, temores y frustraciones a su propia madre? Las amistades que escuchen las quejas de la mamá de Emma, ¿tomarán partido automáticamente por ella sin considerar los sentimientos de Emma? ¿O la ayudarán a ver la adaptación con los ojos de la niña, y le aconsejarán que pase más tiempo con Emma porque así le infundirá confianza y que incluso elogie sus esfuerzos en la cocina?

La reunificación familiar es el sueño de todas las familias inmigrantes y el objetivo hacia el que trabajan, pero el éxito de la transición requiere que todos los miembros de la familia y de la comunidad se preparen material y emocionalmente para este período de transición.

CAPÍTULO 3

Adaptación a la nueva vida

Sean fuertes y valientes. No teman ni se asusten ante esas naciones, pues el Señor su Dios siempre los acompañará; nunca los dejará ni los abandonará.
Deuteronomio 31:6

En las historias previas hemos visto que la emigración es un proceso estresante. Los individuos y las familias responden al estrés de distintas maneras. Este capítulo explora algunos de los ingredientes que ayudarán a las personas y las familias durante este tiempo de adaptación.

Resiliencia

Las personas con resiliencia están en condición de responder en forma efectiva a las situaciones de riesgo y podrán manejar bien el cambio y los momentos decisivos de sus vidas. Además, tienen una idea positiva de sí y confían en su propia creatividad y capacidad para aprender cosas nuevas. Son la clase de persona que dice: «Sí, se puede», lo que indica que se sienten capaces en vez de impotentes. Ante los inevitables problemas, la persona con resiliencia tendrá confianza para encontrar una solución o diseñar un nuevo plan. Tal creencia en sus propias capacidades para ejercer un grado de control sobre su ambiente es contagiosa: inspira confianza en otros. La persona con resiliencia crea interacciones y vínculos sociales positivos, desarrollando grupos de personas con espíritu de cooperación y estabilidad emocional.

Los inmigrantes tienen que acostumbrarse a las reglas y normas de una cultura diferente. Necesitan entender la nueva realidad y adoptar nuevas conductas de vida, lo que influirá en la percepción que tienen de sí y de las relaciones, y afectará los roles dentro de la familia inmigrante y en la comunidad. ¿Cómo harán los inmigrantes para comprender estos cambios y hacer los ajustes que se requieran?

Un punto de vista positivo

El tener un punto de vista positivo implica ver los cambios presentes como una continuación de las experiencias de vida y permite aprovechar las experiencias anteriores para entender las nuevas situaciones, sin sentirse obligados a descartar el pasado. Una actitud positiva declara: «Le daremos nueva expresión a nuestros valores antiguos». Por ejemplo, un esposo que antes hubiera rehusado que su esposa trabajara fuera del hogar, ahora puede cambiar de opinión al interpretar la decisión de su esposa como una forma de reafirmar los valores de unidad y cooperación. Él estará más dispuesto a asumir tareas nuevas en su rol como esposo y será más flexible cuando su esposa tenga que hacer lo mismo. El valor que los une es el deseo de continuar su vida juntos. Como resultado, esto se convierte en un ejemplo para los niños, porque sirve para que vean los cambios como algo positivo y les enseña a ser flexibles y seguros. La siguiente conversación entre un hijo y sus padres es ilustrativa.

Dificultades en la escuela

Mamá: ¿Qué tal la escuela hoy?

Jorge: Bueno, no muy bien. Yo pensaba que estaba haciendo las cosas bien, pero la maestra se enfadó conmigo. Habló tan rápido que no pude entender todo lo que dijo. Un compañero me dijo que tenía que seguir las reglas, pero yo no sabía de qué reglas me estaba hablando.

Papá: ¿Le preguntaste cual era la regla para no equivocarte la próxima vez, hijo?

Jorge: Sí, después de la clase le pedí a la maestra que me la explicara, y ahora entiendo. La próxima vez lo haré mejor.

Mamá: Muy bien. Nadie nace sabiéndolo todo y cada día aprendemos algo nuevo. Yo todavía estoy aprendiendo en mi trabajo también. El otro día cometí un error grande, pero le dije a mi supervisora que podía aprender y me dio otra oportunidad. En nuestra familia, nadie se da por vencido.

Papá: No. Somos inteligentes y estamos dispuestos a aprender. En nuestro país siempre fuiste un alumno excelente, y aquí sigues siendo el mismo niño inteligente. Quizás estés aprendiendo más lentamente, pero cada día sabes más. Estamos muy orgullosos de ti, Jorge.

Cómo procesar las dificultades

Los padres de Jorge querían saber cómo le iba a su hijo en la escuela y él tenía suficiente confianza con sus padres para ser honesto con ellos. Cuando compartió la dificultad que había tenido en la clase, su madre estuvo dispuesta a hablar de sus propios errores y su padre afirmó los valores familiares de la educación, no sólo en la escuela sino en la vida. Al hacer esto, ambos padres le ilustraron a Jorge el tipo de actitud que él necesita tener. Todos deben estar dispuestos a seguir esforzándose, volver a intentarlo cuando fracasan, admitir sus errores y aprender de ellos. Al reconocer la inteligencia de Jorge basándose en sus logros pasados y confiar en que sigue siendo tan inteligente como antes, los padres fortalecen la autoestima de su hijo.

Si una actitud positiva hacia el cambio trae franqueza y

cooperación creativa, una actitud negativa crea barreras y aumenta el estrés. Por ejemplo, si los padres de Jorge hubieran tenido una percepción negativa de los cambios que ellos mismos están viviendo en sus circunstancias, se hubieran puesto a la defensiva o hubieran manifestado enojo, frustración o decepción, marcando la experiencia de Jorge como un fracaso o un obstáculo insuperable en vez de una oportunidad para aprender y mejorar. Una actitud negativa hace que las personas se resistan, rechacen y resientan las adaptaciones que se deben hacer; o que se aferren al pasado, percibiendo lo que no es familiar como una amenaza a sus valores más queridos. Ante lo que se percibe como una amenaza, estos individuos se vuelven inflexibles y reacios a los cambios en su vida.

Apoyo a la familia

Resulta claro que las familias de inmigrantes necesitan apoyo en su nuevo ambiente y sería conveniente que contaran con recursos extrafamiliares para ayudarlos. Cualquiera que de pronto se encuentra en medio de circunstancias nuevas necesita orientación e información elemental como:

- ¿Dónde puedo comprar alimentos, ropa o artículos de primera necesidad?
- ¿Dónde puedo conseguir información sobre alojamiento o trabajo?
- ¿Cómo puedo inscribir a mis hijos en la escuela?
- ¿Dónde puedo obtener atención médica?
- ¿Qué posibilidades hay de recreación para niños pequeños o adolescentes?
- ¿Dónde están las iglesias locales o templos donde pueda cultivar mi fe y encontrar apoyo espiritual?
- ¿Qué recursos hay para traducciones y para aprender inglés?
- ¿Cómo puedo conocer los derechos fundamentales que me amparan en este país?

Las familias inmigrantes también necesitarán ayuda para entender las normas y costumbres de una cultura distinta. Por ejemplo, alguien les podría aconsejar la importancia que tiene conocer a la maestra o el maestro de sus niños, para que sepa que los padres están interesados en el progreso escolar de sus hijos. Otra persona podría explicarles el valor social de la puntualidad en su nuevo ambiente, que una cita a las 9:00 requiere llegar en hora o antes, y no entre 9:00 y 10:00, como es costumbre en otros países y culturas.

Esta guía puede ser ofrecida tanto por los familiares o las amistades con más tiempo de residencia en los Estados Unidos, como por los centros comunales, las comunidades de fe, las policlínicas, los comercios y clubes y las organizaciones de servicios sociales.

Muchas organizaciones comunitarias proveen un lugar de reunión donde socializar con otras personas que están pasando por períodos similares de adaptación. ¡Puede ser un gran alivio poder reunirse con personas que hablan su mismo idioma! Estas instituciones a veces también brindan servicios de resolución de crisis, rehabilitación física o emocional, cuidado de niños, asistencia legal y apoyo escolar. También pueden proveer entrevistas con líderes de la comunidad.

Educación

Aunque la educación ya se ha mencionado en varios contextos, vale la pena subrayarla como un factor vital para lograr una adaptación exitosa en su nueva vida. Por esa razón, la educación es el objetivo central de muchas de las organizaciones que se han descrito anteriormente.

La educación puede ser formal o informal. La educación formal puede incluir clases de educación cívica o de inglés como segunda lengua (ESL). La educación informal puede consistir en charlas informativas sobre los derechos de los inmigrantes o sobre la crianza de los niños en la nueva cultura, y puede realizarse en la iglesia con líderes de la comunidad. Puede impartirse por medio de folletos que se reparten en las reuniones de padres y docentes de la escuela (Home and School Association), en los folletos con consejos nutricionales que se recogen en la farmacia, o en el tablero de anuncios del supermercado, donde se promueven las actividades comunales en el parque o el centro comunitario de la localidad. Los periódicos y las estaciones de radio también son buenos recursos de educación informal. Casi todas las ciudades tienen radios con transmisiones en el idioma de las comunidades inmigrantes.

Ser parte de estas redes de apoyo crea contactos útiles para acceder a diversas formas de educación e información. Las iglesias y otras comunidades religiosas son el mejor espacio para obtener diversos tipos de apoyo en un mismo lugar, ya sea directamente o por medio de redes de servicio que integra la iglesia. Las personas que participan activamente en la vida de una comunidad de fe tienden a adaptarse de una manera más positiva, en gran parte gracias a la red social que encuentran allí. La congregación se puede convertir en la familia más grande de los inmigrantes. No hay nada mejor para una actitud positiva y para la salud personal que una red de buenas amistades con quienes compartir tanto los gozos como las cargas de la vida.

Aprendizaje del idioma

Un nuevo lenguaje puede parecer una pared impenetrable, bloqueando el acceso a la información y creando una crisis de confianza para el inmigrante, ambos ingredientes vitales para el proceso de adaptación. Examinaremos este asunto en relación a los niños y su educación en el próximo capítulo, pero la barrera del idioma también afecta a los adultos. Puede trabarles el ingreso a una rama laboral en particular o impedirles entender los beneficios y derechos que los amparan en su lugar de empleo. Sobretodo, el lenguaje puede erigirse como una muralla que hace sentir a padres e hijos menos competentes en su nuevo ambiente.

Los problemas del idioma pueden generar tensión aun en la familia. Los niños van a la escuela donde tienen contacto intenso con su nuevo ambiente cultural, incluyendo la exposición constante al nuevo idioma. Los padres, en cambio, quizás estén empleados en lugares de trabajo con otras personas de su mismo grupo étnico. No tienen que lidiar con su nueva cultura de la manera que sí lo tienen que hacer sus hijos. Las clases de inglés como segunda lengua (ESL) son un recurso fundamental para adultos y niños, pero los padres no siempre pueden asistir por las largas jornadas de trabajo o porque las clases coinciden con el horario del trabajo. Como consecuencia, los niños suelen aprender el idioma más rápido que los padres.

Esta diferencia en la curva de aprendizaje crea dos retos para la familia inmigrante. Primero, introduce una barrera de idioma entre los padres y los niños durante un tiempo en el cual es crucial que se comuniquen sobre la nueva cultura y sus valores familiares. Los niños todavía hablarán en su lengua étnica en la casa, pero paulatinamente adquirirán más soltura y destrezas en inglés, en detrimento de su lengua materna. A menudo, comenzarán a mezclar los dos idiomas, lo que significa que los niños y los padres tendrán dificultad para comunicarse sus pensamientos y emociones por completo en su idioma. Los niños carecen del vocabulario en la lengua materna para hacerlo, mientras que los padres no entienden las palabras y el matiz que sus hijos desean expresar en inglés.

Los niños, al aprender inglés más rápido que sus padres, hacen de intérpretes de los adultos de la familia cuando éstos deben interactuar con educadores o funcionarios de la escuela, profesionales de la salud, vecinos, o en otras situaciones donde no hay servicios de interpretación. En su capacidad de intérpretes no oficiales, los niños muchas veces quedan como mediadores en asuntos sensibles, con la consiguiente inversión de roles, donde el niño es el que habla por el adulto, y muchas veces se siente requerido a proteger, dirigir o aconsejar al padre o a la madre.

Recuerdos de la niñez de Marta

«¡Wow¡ Me acuerdo haber estado en el hospital con mi mamá cuando le tuvieron que sacar el apéndice a mi hermano—dice Marta, mientras reflexiona sobre su experiencia cuando tenía 13 años—. Mi mamá estaba muy alterada, pues casi perdimos a mi hermano, pero ella no entendía por qué los doctores querían que firmara unos papeles antes de proceder a hacer una operación de emergencia. Yo seguía tratando de explicarle y ella no entendía, así que finalmente tuve que gritarle que firmara los papeles o Armando se iba a morir. Ella firmó los papeles, pero yo me di cuenta de que se sintió inútil en medio de la crisis.

»Tenía solo 13 años y sentí mucha vergüenza delante de todas las enfermeras porque le tomó tanto tiempo a mi madre entender las cosas. Poco a poco, eso me hizo sentir que yo no era nadie tampoco. ¿Por qué tenía que pertenecer a esta familia, a este grupo de personas? Empecé a tener la fantasía de pertenecer a otra familia en la que todos hablaban inglés, y donde yo podía dedicarme a ser solamente una niña. Podía ser consentida si quería. Nunca dejé de amar a mi mamá y, de mayor, cambié de parecer; pero en aquel momento, sentía que eran demasiadas responsabilidades. No quería tener que tratar con enfermeras, ni con maestras, ni con cajeras ni con nadie que nos mirara como si fuéramos estúpidas. Me hacía sentir muy mal. Yo quería estar lejos de esa realidad, de ese dolor.

»Como era responsable de manejar tanta información y de asegurarme de que todo saliera sobre ruedas, sentí que eso me daba el derecho a tomar otras decisiones por mí misma. No le hacía caso a la autoridad de mi madre en cuanto a salir con muchachos ni sobre nada que tuviera que ver con la escuela, mis amistades o mi futuro. Pensaba: "¿Qué me puede decir ella si ni siquiera entiende lo que esta pasando aquí?". Yo estaba equivocada, pero lo descubrí muy tarde y ya había tomado algunas decisiones imprudentes. El asunto del idioma trastocó toda nuestra relación y la autoridad de mi madre».

La inversión de roles

Podemos ver cómo los roles de madre e hija se invierten cuando Marta tuvo que traducir para su mamá. Fue una responsabilidad excesiva para Marta y la hizo sentirse vulnerable a la discriminación en su entorno. La inversión de roles también afectó la autoridad moral de su madre, privándola de ejercer su autoridad parental sobre Marta.

Otros padres responden de forma distinta cuando perciben disminuida su autoridad en la vida de sus hijos. A veces, intentan reasumir su autoridad imponiendo una férrea disciplina autoritaria. La figura autoritaria establece un ambiente donde los niños no tienen oportunidades para desarrollar su propio sentido de juicio. El padre o la madre toman todas las decisiones y a los niños se les exige obedecer las reglas y preferencias de sus mayores, en vez de aprender a evaluar opciones como parte del proceso de la toma de decisiones. Criar hijos de esta manera implica desconfiar de la habilidad del niño para poder tomar buenas decisiones. Frecuentemente, el resultado es un niño que prefiere hacer lo que hacen los demás, lo que puede convertirse en un problema en la adolescencia cuando las amistades de su misma edad pasen a ser más importantes que sus padres.

La autoridad parental es más efectiva cuando existe una relación de confianza entre el niño y sus padres. Esta confianza es el primer paso hacia el respeto. Los padres se ganan el respeto de sus hijos cuando toman decisiones inteligentes para ellos, y ese respeto se refuerza en la medida en que luego explican esas decisiones a los niños según su edad y comprensión. Este proceso de toma de decisiones sirve de modelo para que los niños aprendan a tomar decisiones. Además, este tipo de interacción entre padres e hijos refuerza la confianza y el respeto sin los cuales no es posible ejercer la autoridad parental.

La autoridad basada en la comunicación abierta alimenta la relación entre el niño y los padres. La profundidad de la conversación y el nivel de participación en el proceso de toma de decisiones cambiarán a medida que el niño madure. Con niños menores, los padres toman casi todas las decisiones y sólo se requiere una explicación mínima. Pero los niños de 2 y 3 años ya tienen preferencias y los padres pueden comenzar a darles opciones para que escojan entre cosas sencillas. Estas preferencias y la reflexión que se requiere para decidir entre una cosa u otra se van haciendo más complejas con la edad, hasta llegar a la adolescencia. Este estilo parental más interactivo puede resultarles difícil a muchos inmigrantes porque difiere mucho del modelo estricto de obedece-o-te-castigo tan prevalente en generaciones pasadas y en

---

Cinco preguntas a los niños

Los padres pueden usar cinco preguntas claves para ayudar a sus hijos a reflexionar sobre sus acciones y enseñarles a asumir responsabilidades. Facilita, además, el ejercicio parental de una autoridad saludable en la medida en que les enseña la autodisciplina que necesitarán en la adolescencia cuando deban guiarse por sus propios principios morales. Estas preguntas se pueden adaptar para niños menores de seis años.

1. ¿Qué estás haciendo?

2. ¿Qué deberías estar haciendo?

3. ¿Qué vas a hacer ahora?

4. ¿Cuándo lo vas a hacer?

5. ¿Qué va a pasar si no cumples con nuestro acuerdo sobre esto?

---

algunas culturas. De todos modos, el modelo de crianza basado en la conversación y el diálogo no sólo beneficia el desarrollo maduro de los niños, sino que también evita posibles conflictos con las normas sociales o leyes que definen el grado de disciplina aceptable en los Estados Unidos.

Recuperación de los roles parentales

No hay respuestas fáciles para las crueles realidades que causan la inversión de roles. Pero hay distintas maneras de lidiar con situaciones específicas y hay recursos que pueden ayudar a los padres inmigrantes a prevenir estas situaciones desde el principio.

■ **Servicios de traducción.** Casi todas las instituciones públicas, inclusive los hospitales y tribunales, brindan servicios de traducción. Solicite estos servicios con la debida anticipación.

■ **Recursos alternativos.** Si una institución no brinda traducción, solicite a su red de apoyo personal que lo ayuden encontrar a un adulto bilingüe que pueda acompañarlo. Puede pedir colaboración a alguien del cuerpo ministerial, o a una persona de confianza, o pedirle a un miembro de familia que lo acompañe.

■ **Clases de inglés (ESL).** En cuanto sea posible, póngase como prioridad asistir a clases de inglés. Es para su beneficio social, económico y sicológico. Sus compañeros de clase lo ayudarán a ser constante y le infundirán ánimo, además de ser una nueva red de apoyo.

■ **Apoyo.** Ponga a un lado su orgullo y pida ayuda. Deje que sus amistades y familia sepan cuáles son sus desafíos y cómo lo pueden ayudar. Solicite colaboración para el cuidado de los niños o con los deberes escolares de sus hijos para que usted pueda asistir a las clases de inglés; comparta con alguien las frustraciones que vive en su trabajo; pida consejo legal o médico; pida que oren por usted para enfrentar los nuevos retos. Las respuestas a estos pedidos le brindarán un verdadero apoyo.

CAPÍTULO 4

La educación y la próxima generación

*Ama al Señor tu Dios con todo tu corazón y con toda
tu alma y con todas tus fuerzas. Grábate en el corazón estas
palabras que hoy te mando. Incúlcaselas continuamente
a tus hijos. Háblales de ellas cuando estés en tu casa y cuando
vayas por el camino, cuando te acuestes y cuando te levantes.*
Deuteronomio 6:5-7

Los padres inmigrantes ven en la educación un medio para que sus hijos avancen en la sociedad. La educación simboliza el éxito de la familia inmigrante en una nueva tierra. Un padre orgulloso me dijo: «Mi hijo pudo tener una educación y ahora es un profesional. Ahora sabemos que no fue en vano todo lo que sufrimos su madre y yo». Los jóvenes me comentan que hacen sus mejores esfuerzos en la escuela porque es una manera de ayudar a sus familias. ¿A qué aspectos de la educación de los niños le deben prestar atención los adultos? ¿Qué función cumple la escuela en la vida de los niños inmigrantes?

Coherencia y estabilidad

La escuela, por la cantidad de tiempo que los niños pasan en el salón de clase, crea un ritmo y una rutina en la vida que son vitales para el niño inmigrante, cuya vida se caracteriza por la inestabilidad y la transición. La alteración de la rutina afecta el sentido interno de seguridad que el niño encuentra en los hábitos regulares. Por esa razón, los padres deben evitar cambiarlos de escuela en medio del año escolar. La interrupción sólo aumentará la dificultad de adaptación a un nuevo ambiente. Si fuera necesario trasladarse, convendrá hacerlo durante los meses del verano o, por lo menos, durante una de las vacaciones de una semana, como las del invierno o la de primavera.

El tiempo no es el único factor a ser considerado cuando se introduce una transición en el ambiente educacional de los niños. La escuela es el lugar primario para la socialización, pues pasan la mayor parte del tiempo allí. Ayuda a los niños a adaptarse a la vida en un nuevo ambiente social y los capacita para vivir con otros en sociedad. En el mejor caso, la escuela los ayuda a integrarse a su nueva cultura porque les provee las herramientas necesarias para desenvolverse en esa cultura, incluyendo la adquisición de la lengua y la formación de un grupo de iguales que los apoyen: nuevas amistades.

Si bien una nueva escuela es una oportunidad para hacer nuevas amistades, también puede presentar otras dinámicas y otras reglas. Los niños pueden experimentar estrés pues necesitan ajustarse a distintas maneras de relacionarse con el cuerpo docente, modas y estilos de vestirse diferentes, e incluso quizás se encuentren con una representación alarmante de su país de origen en los libros escolares o en las discusiones de clase.

Los niños inmigrantes en la escuela

En 1982, la Corte Suprema de los Estados Unidos promulgó un fallo (*Plyer - Doe*) que garantizó el derecho a la educación primaria y secundaria (K-12) de los niños indocumentados. La decisión considera que la educación es un derecho civil de los niños, independiente del estatus legal de sus padres. A pesar de este fallo, y en franca violación a la decisión *Plyer - Doe*, algunas escuelas solicitan que los padres presenten documentación legal a los efectos de autorizar la inscripción de los niños en la escuela. Los padres tienen derecho de declinar esta exigencia. ¡No teman demostrar que ustedes conocen los derechos de sus hijos! Si es necesario, busquen a otra persona que los pueda representar durante el proceso de inscripción. Un pastor u otro líder de la comunidad pueden respaldar a los padres inmigrantes en estos casos.

Hay tres tipos de programas para ayudar a los niños a aprender el idioma e integrarse a la nueva cultura. El primero es el programa *pull-out*, en que los estudiantes se retiran del salón de clase varias veces por semana para recibir lecciones de inglés como segunda lengua o clases de apoyo en otras materias. Es una solución temporal porque sólo contempla la adaptación a la lengua. Si se usa este tipo de programa, la escuela deberá complementarlo con apoyo en otras áreas que también requieren adaptación. Los programas *pull-out* por sí solos no son suficientes para atender debidamente todas las necesidades de adaptación del niño o de la niña.

El segundo tipo de programa se ofrece a través de *charter schools*, o escuelas públicas experimentales que son una alternativa en muchos vecindarios. Muchas de estas escuelas comunitarias se especializan en algunos campos en particular, como puede ser la educación bilingüe, las matemáticas, las ciencias o las artes. Como suelen tener grupos más pequeños, estas escuelas están en condiciones de ofrecer una atención más personalizada, facilitando los logros académicos y la adquisición de una segunda lengua. Los grupos menos numerosos también crean un ambiente comunitario propicio para las relaciones y las amistades.

Algunos distritos ofrecen un tercer tipo de programa: escuelas con programas curriculares específicos para estudiantes que vienen del extranjero. La currícula y las rutinas escolares están diseñadas para ayudar a los estudiantes a adquirir competencia lingüística en otro idioma y para ajustarse a su nueva vida. Al encontrarse con compañeros que están enfrentando ajustes similares, los estudiantes pueden discutir los problemas y las experiencias que tienen en común. Gracias a los diversos países y culturas representados, los niños descubren distintas maneras de ser bilingües y biculturales. Se perciben como personas que pueden contribuir a un mundo multicultural, donde las diferencias culturales son una ventaja y no una desventaja. Esta percepción refuerza la autoestima y la confianza.

La violencia en la escuela

Las oportunidades de trabajo limitadas y la inestabilidad laboral muchas veces hacen que las familias de inmigrantes sean forzadas a vivir en barrios pobres y escuelas con bajos recursos. Las escuelas en estos lugares tienen grupos más numerosos, lo que genera menor atención individual y menos programas extracurriculares para los estudiantes. Estos vecindarios a menudo son hostigados por pandillas y la tasa de delitos es alta. La escuela reflejará la violencia o la hostilidad del vecindario. Si esto de por sí ya es traumático para cualquier niño, cuánto más lo será para los niños inmigrantes que se sienten inseguros en medio de grandes cambios en sus vidas.

El adaptarse a tal ambiente puede llevar a algunos niños a asimilar la cultura de violencia que ya existe en la escuela: desde el uso de lenguaje obsceno a la agresión física como mecanismo de defensa y para asegurarse el respeto de sus pares. Ese fue el caso de Ismael.

La madre de Ismael recibió una llamada a su trabajo pidiendo que viniera a recoger a su hijo a la escuela. Era la tercera vez en dos semanas que habían encontrado a Ismael peleando en el patio de la escuela. Esta vez, uno de los muchachos testificó que había visto a Ismael con un cuchillo durante la pelea. Se hizo una búsqueda detallada de Ismael y de todas sus pertenencias, pero no se encontró un cuchillo. Aun así, el director lo suspendió por una semana.

Cuando su madre llegó, el director le relató lo que había sucedido y le explicó que Ismael se había convertido en un peligro para los demás estudiantes. Ella se sintió avergonzada, pero no tenía la capacidad para expresarse bien en inglés. No tuvo fuerzas para hacer preguntas. Se limitó a pedir perdón, chapurreando en inglés: *I so sorry for what Ismael do in the school. I talk to him. I so sorry. Please, I so sorry.* Cuando salió de la oficina, Ismael estaba esperándola. Ella lo miró con gran tristeza y cansancio en sus ojos, él se levantó, abrió la puerta y ambos se marcharon.

Ismael solo tenía 13 años. Esta era la segunda escuela desde que había venido a los Estados Unidos hacía un año. Su familia se tuvo que mudar cuando el propietario subió la renta el verano pasado. En su país, y aun en la primera escuela a la que asistió, él había sido

---

Qué necesitan los alumnos de sus padres

■ **Estímulo.** Exprese su confianza en las capacidades de sus hijos y anímelos a tenerse confianza.

■ **Expectativas.** Establezca normas realistas para sus niños, para ayudarlos a fijarse metas y motívelos a alcanzarlas.

■ **Un modelo digno de imitar.** Aun un padre que no fue a la escuela puede ser modelo de valores que promueven la educación; por ejemplo, la autodisciplina, la constancia, la independencia y el orgullo en el trabajo bien hecho.

■ **Compromiso.** Interésese por la vida académica de sus hijos, ya sea ayudándolos con las tareas domiciliarias, asistiendo a los eventos escolares o colaborando en la organización de los viajes de clase de sus hijos.

■ **Reconocimiento.** Los exámenes y las notas por sí solos no determinan el éxito de la educación. Reconozca y respete los esfuerzos de sus hijos y elogie su deseo de superación. Una confianza saludable y el apoyo incondicional de sus padres alentarán este deseo.

---

un buen estudiante con buenas notas. Pero en esta escuela, conocida por los estudiantes como una *fight school* (una escuela de peleas), y por ser nuevo, Ismael se había convertido en el blanco de la violencia. Otro muchacho le había explicado a Ismael que si se negaba a pelear, los otros nunca lo dejarían tranquilo. Si Ismael los enfrentaba, podría ganarse el respeto.

Durante semanas, en las noches Ismael se acostaba sin poder dormir, considerando sus opciones. Él quería ser obediente a su madre. Pero sabía que su madre no podía pedir tiempo libre de su trabajo para ir a la escuela y ayudarlo a resolver sus problemas. Él tendría que resolver esto por sí solo para que ella pudiera concentrarse en la economía del hogar y su supervivencia en este país. Si peleaba en la escuela, se metería en problemas con la dirección de la escuela y su progreso académico se vería seriamente afectado. Pero, si no se defendía, esos prepotentes se burlarían de él y no lo dejarían en paz mientras estuviera en esa escuela. Ismael sabía que no podía satisfacer a todo el mundo y decidió que la prioridad era hacerse respetar. La próxima vez que lo atacaran y lo agredieran verbal y físicamente, él se defendería: tres veces en dos semanas. Hoy estaba en paz consigo mismo y estaba preparado para aceptar la suspensión como un mal necesario para su supervivencia. Era el sacrificio que tenía que hacer, de la misma manera que su madre trabajaba largas horas en su trabajo, y además le cocinaba, le planchaba y le lavaba la ropa, aprovechando al máximo lo poco que tenían para darle siempre lo mejor.

Mientras Ismael y su madre regresaban a su casa, algunos de los pandilleros le hicieron burlas desde la esquina de la calle, pero uno de los líderes les dijo que se callaran. Ismael esperaba que esto fuera una señal de que él se había hecho respetar. Cuando regresara a la escuela, el se esmeraría para volver a ganarse su lugar. Pero ahora su madre lloraba, las lágrimas le corrían por sus mejillas. Él tendría que encontrar la manera de asegurarle que sus sueños no se habían esfumado. ¡Qué difícil es la vida en los Estados Unidos!

Entender el conflicto antes que aparezca la violencia

Muchas veces, los funcionarios y los padres en contacto directo con la violencia en las escuelas culpan y hacen pesar las consecuencias sobre los niños que, como Ismael, en realidad son las víctimas. Ismael simplemente desea terminar el día escolar sin meterse en problemas. Las consecuencias disciplinarias son un trastorno a la vida académica del niño y no atacan la raíz del problema. ¿Qué alternativas hay?

Las causas de la violencia en las escuelas son complejas, e incluyen factores externos que pueden incidir en el clima educacional. Pueden ser factores relacionados con drogas, pandillas y otras actividades delictivas en el vecindario; o factores que afectan a las familias de los niños, como la pobreza, el desempleo o subempleo, y que abruman a los padres y les impiden pasar más tiempo con sus hijos.

Para disminuir la violencia dentro del centro educativo, las escuelas pueden contratar guardias de seguridad y personas que revisen los bolsos de libros de todos los estudiantes, o instalar detectores de metal. Si bien estos medios son convenientes, no sirven para prevenir todos los incidentes de violencia y, además, contribuyen a crear un ambiente de temor. La prevención verdadera de la violencia comienza con un enfoque que defina el conflicto como una tensión entre distintos valores, opiniones o personalidades, y no como una fuerza intrínsicamente negativa o destructiva. Si se les enseña a los estudiantes a identificar el conflicto como parte de la vida, las escuelas pueden usar los conflictos para fomentar el crecimiento personal y para que los distintos grupos aprendan a descubrir metas comunes que les permitan trabajar unidos.

La experiencia del inmigrante ya es en sí misma conflictiva, pues el cambio introduce distintas perspectivas, culturas, relaciones y valores. El ayudar a los niños a entender el conflicto es fundamental para su proceso de adaptación. Hay cuatro tipos básicos de conflictos: el conflicto que sucede dentro de una persona (intrapersonal); el conflicto entre personas (interpersonal); el conflicto entre las necesidades individuales y las necesidades del grupo de esa persona (intragrupal); y el conflicto entre grupos (intergrupal). El primer paso hacia la resolución del conflicto es entender que no todos los conflictos son iguales.

La resolución de conflictos más efectiva busca poner fin al conflicto antes de que comience. Las estrategias de resolución de conflictos enseñan a las personas a dialogar para desarmar la situación conflictiva, con énfasis en la comunicación efectiva, el respeto mutuo y ciertas destrezas prácticas para escuchar bien y no malinterpretar. La resolución de conflictos también incluye la negociación, cuando dos o más personas se sientan a discutir sus diferencias. Las reglas de la negociación pueden incluir comunicarse los distintos puntos de vista, y el aprender a escuchar los pedidos y las necesidades de la otra parte. La meta de la negociación es encontrar intereses comunes y descubrir opciones que suplan las necesidades y los deseos de ambas partes.

Muchas escuelas están usando el sistema de mediación entre iguales (*peer mediation*) para ayudar con la resolución de conflictos. El mediador actúa como facilitador en la negociación o en el proceso de resolución del conflicto. Los programas de mediación entre iguales están creciendo en popularidad en particular en los grados escolares 6 á 12. Estos programas entrenan a los estudiantes a identificar los problemas que subyacen a los conflictos y así encontrar ellos mismos las soluciones. Este entrenamiento es complementado por programas modelo de no violencia en la escuela, que establecen un código de conducta para estudiantes y maestros. Cuando surge un conflicto o un incidente violento, el código también provee un plan de respuesta que preserva a la víctima y procura reintegrar al transgresor a la comunidad de la escuela. Estos programas promueven la autoestima de los niños y estimulan a los estudiantes a respetarse y ser solidarios entre sí.

Para colaborar, los padres pueden pedir a la escuela de sus hijos que soliciten el desarrollo o la implementación de tales programas por los administradores de la escuela.

Los padres como compañeros de los logros académicos

Los padres activamente interesados en fomentar la educación en el hogar y en la escuela provocan un gran impacto en las actitudes y los logros de sus hijos. La educación es un esfuerzo conjunto entre maestros y padres. Ninguno a solas puede asegurar un mejor futuro para los niños. La alianza entre los padres y los maestros resulta en mayores logros académicos, mejor asistencia, mayor motivación y confianza en las capacidades propias, expectativas más altas para futuro, actitudes más positivas hacia la escuela y más egresados de la escuela superior: todo esto termina beneficiando a los niños.[1]

¿De qué manera se pueden involucrar los padres? Una posibilidad es proveyendo un ambiente propicio para el estudio en el hogar: un lugar bien alumbrado y silencioso para estudiar, una hora para hacer las tareas de la casa, tiempo para revisar los trabajos y ayudarlos, y oportunidades para conversar sobre lo que están aprendiendo. No dejen de estimular y elogiar el esfuerzo de sus hijos para completar sus tareas o estudiar para los exámenes. Luego implementen estas estrategias importantes:

■ **Lea con sus hijos.** Llévelos a la biblioteca. Deje que vean que usted y sus hermanos mayores también leen. Escoja textos informativos y material para leer por placer.

■ **Use la televisión con moderación.** Limite la cantidad de tiempo que miran televisión, y ayude a los niños a encontrar programas educativos apropiados para su edad que promuevan el desarrollo de diversos intereses.

■ **Visite la escuela y hable con los docentes.** Si su horario de trabajo no se lo permite, haga una cita para hablar por teléfono con la maestra o el maestro. Infórmese del contenido y el progreso de la educación de sus hijos. Haga preguntas como:

- ¿Cuál es el nivel de lectura de mi hija?
- ¿Cómo puedo colaborar para apoyar el rendimiento académico de mi hijo?
- ¿Qué recursos hay disponibles para mis hijos (biblioteca, programas de apoyo escolar, mentores)?

■ **Haga preguntas sobre el sistema escolar.** Parte de la adaptación de los padres es entender el sistema educativo y cómo trabajan las escuelas en los Estados Unidos. Por ejemplo:

- ¿Qué se espera de los padres con respecto al transporte, las horas de llegada y de salida, la justificación de las ausencias, y la vestimenta apropiada?
- ¿Cómo es el sistema de calificaciones? ¿Qué significan las notas?
- ¿Qué tipo de ayuda recibirá mi hija para aprender inglés?
- ¿Qué materias se deben cursar para poder seguir estudios universitarios? ¿Cuáles son los requisitos para esos cursos?

Es vital que los padres participen de la educación de sus hijos. Visite la escuela de sus hijos. ¡Les cambiará el futuro!

Nota
1. "Connecting families and schools to help our children succeed". Archivo: febrero 14, 1984; ED HOME, adapted. www2.ed.gov/PressReleases/02-1994/parent.html. Con acceso en octubre 2010.

CAPÍTULO 5

El estatus legal de la familia y cómo afecta a los niños

Y un niño pequeño los guiará.
Isaías 11:6

Documentado, indocumentado, extranjero ilegal, no residente y residente permanente son términos que se usan para identificar el estatus legal de inmigrantes que viven en los Estados Unidos. Algunos de estos términos tienen una connotación peyorativa. Al investigar cómo describir estos asuntos sin usar términos que causaran reacciones negativas, descubrí el trabajo de Goldring y otros. Ellos usan los términos *incierto* y *precario* para referirse al estatus legal de aquellas personas con riesgo de detención o deportación.[1] Otro término es «con otro tipo de documentación» (*alternately documented*).

Las familias con estatus precario tienden a vivir con una desconfianza instalada o con temor a las autoridades. Esta desconfianza se traslada a todas las interacciones o relaciones personales e institucionales, como las escuelas, las clínicas y aun las iglesias. Las familias en esa situación sienten que deben limitar sus movimientos y permanecer «invisibles» para no atraer la atención. El color y el estilo de sus ropas y sus peinados se eligen para aparentar ser «normales», comunes y corrientes, y pasar lo más desapercibidas posible. Las pocas veces que hablan, tienden a hablar en voz baja, en tonos monótonos. Siguen todas las reglas para evitar llamar la atención por actuar de forma distinta, y especialmente procuran que las autoridades estatales no se fijen en ellas.

Las personas con estatus legal precario entienden que su acceso a los servicios sociales y otros programas es restringido. Algunos limitan el uso de estos programas más de lo necesario porque tienen información fragmentada y prefieren ser cautelosos. Aun si los niños son ciudadanos de los Estados Unidos, los padres cuyo estatus legal es incierto son reacios a registrar a sus hijos en la escuela, o no se atreven a intervenir activamente en la educación escolar de sus hijos. No obstante, la necesidad de supervivencia los lleva a participar en actividades, como el trabajo, que los hacen más visibles.

El temor y la invisibilidad

Los niños de estas familias tendrán la misma sensación de temor y el mismo patrón de invisibilidad que sus padres, con la consiguiente repercusión en su vida social y su habilidad para comunicarse libremente e interactuar con otros niños. Su vida intelectual puede verse afectada si no asisten a la escuela, o si evitan participar de los programas especiales de la escuela o de las actividades extracurriculares. La costumbre de «hacerse invisibles» hace que estos niños no alcen la mano en clase para responder a las preguntas ni para ofrecerse como voluntarios, aun cuando sepan la respuesta o cuando deseen tener un rol más activo en clase. Estas conductas tienden a disminuir la autoestima del niño.

Para los adolescentes, la lucha puede ser aún peor. En una etapa de la vida en que están tratando de explorar su propia identidad y los planes para el futuro, su estatus hace que se sientan marginados y diferentes. No tienen un sentido de pertenencia; no se sienten cómodos. Su futuro está en manos del sistema legal. Viven su estatus incierto como una imposición o un castigo. Un joven me dijo que él se queda en la casa y prefiere no salir porque nunca se sabe lo que un grupo puede hacer. Para él, ésa es la manera de evitar meterse en problemas, por la idea de que cualquier cambio por pequeño que sea podría traer consecuencias catastróficas a su familia.

Los niños de todas las edades se preocupan por la situación legal de su familia; pero necesitan espacios donde poder olvidar la incertidumbre, si aunque no sea por un momento. Si la escuela es un ambiente positivo, constituirá un espacio donde librarse de la ansiedad constante de ser deportados. Las iglesias también pueden proveer tal espacio, especialmente si brindan actividades para niños y jóvenes como música, alabanza, programas deportivos, eventos sociales y educación religiosa. El poder entrar y salir de estos espacios seguros ayuda a los niños a hacer frente a las incertidumbres de su estatus. Sin un espacio donde aunque sea de vez en cuando puedan librarse de sus ansiedades, los niños pueden enfermarse o deprimirse.

Ramón y el trauma de cruzar la frontera

Cuando una familia ingresa a los Estados Unidos sin estatus legal, el cruce de la frontera por sí solo ya puede ser una experiencia peligrosa y traumática. El temor es su compañero inseparable, y la experiencia física suele ser extremadamente difícil. Las familias tal vez hayan tenido que caminar durante días con poca agua para sobrellevar la aridez del desierto. Es posible que hayan sido agredidas o asaltadas por bandidos, o que hayan visto a alguien morir por deshidratación; pueden haber sido violados, o quizás hayan visto la violación de otra persona y no pudieron ayudarla. Estas experiencias causan daños sicológicos duraderos que entorpecen su capacidad de adaptarse al nuevo ambiente. A los niños puede costarles mucho concentrarse en la escuela y es posible que tengan mucho miedo de ser separados de sus padres o de quienes son responsables de su cuidado.

Ramón tenía nueve años cuando su familia vino a los Estados Unidos. Era un niño inteligente, curioso, que había obtenido las notas más altas en su clase antes de dejar su país. En los Estados Unidos, en cambio, manifestaba desinterés en el trabajo escolar. Pedía permiso para ir al baño y se pasaba horas paseando por los pasillos de la escuela. Hablaba con un amigo imaginario y pedía comida para su amigo, o decía que su amigo estaba llorando y necesitaba ayuda. Muchas veces, hasta él mismo lloraba mientras explicaba que su amigo imaginario estaba angustiado: «Mi amigo, mi amigo, algo le pasó. Necesita ayuda. Necesita ayuda. Por favor, ¡por favor!». Era muy difícil calmarlo cuando pasaba esto.

La consejera de la escuela intentó ponerse en contacto con la familia de Ramón, pero ellos no respondían a sus llamados por temor a ser delatados. Lo que hizo la mamá fue dejar de mandarlo a la escuela. Pero el comportamiento anormal de Ramón continuó, y a menudo salía de la casa sin permiso y vagaba por las calles. Su madre, angustiada, salía a buscarlo, lo encontraba y lo traía de vuelta, pero el aislamiento en la casa sólo empeoraba las cosas. Su temor a ser descubierta y deportada le impidió buscar el apoyo que su hijo necesitaba.

Cómo pedir ayuda para Ramón

Por fin, la escuela se puso en contacto con un pastor local que comenzó a visitar a Ramón y a su familia. Como la mamá de Ramón siempre se quedaba sola en la casa mientras su esposo trabajaba (tenía dos trabajos) para ayudar a su familia a sobrevivir, a la segunda visita, el pastor vino acompañado de su esposa. Las mujeres pudieron hablar sobre sus asuntos en voz baja y en confianza. Después de siete visitas, el pastor y su esposa se ganaron la confianza de la familia.

Con el tiempo, ayudaron a la familia a encontrar un sicólogo para Ramón y la iglesia pagó los gastos. El sicólogo atendía en un consultorio privado y tenía experiencia en el trabajo con niños.

El sicólogo descubrió que Ramón estaba lidiando con el temor y la angustia que le produjo ser testigo de la muerte de otro niño en las montañas mientras cruzaban la frontera. El niño se había muerto por el frío de las montañas mientras dormía. Lo encontraron muerto en la mañana, a sólo tres pies de donde Ramón estaba durmiendo. La noche anterior, los niños habían jugado juntos durante una cena sencilla que las familias habían compartido. Ramón no había tenido la oportunidad de expresar su miedo y su angustia. Durante el viaje no hubo tiempo para llorar la pérdida, tenían que seguir avanzando hasta llegar al destino. Al niño lo enterraron en una tumba casi a ras del suelo, y nadie habló más de ello. Aun la familia del niño se abstuvo de llorar para no delatar al grupo. Ramón tenía miedo de que a él le sucediera lo mismo. Tenía muchas preguntas, pero sabía que no las podía hacer. Cuando lograron cruzar la frontera, las cosas se sucedieron muy velozmente. La familia de Ramón se encontró con el amigo de un primo de su padre. Las dos familias se separaron y nunca más se volvieron a ver.

La mamá de Ramón explicó: «La primera noche que llegamos a la casa de la familia de mi esposo, yo les dije a todos que necesitaríamos ponernos de acuerdo. El secreto era la única manera de sobrevivir; no podíamos hablar de nada de lo que habíamos vivido durante el viaje ni de dónde veníamos». Esto condujo al aislamiento. Ramón no podía tener amigos, ni invitar a otros niños a la casa, ni jugar afuera como lo hacía antes. En la escuela, no hablaba con otros niños porque sus compañeros no entendían español o se burlaban de su ropa. Por fin, se le ocurrió inventarse un amigo imaginario. Esto le dio libertad para expresar lo que sentía; después de todo, él no estaba hablando de su familia sino de su amigo.

El sicólogo puso a Ramón en terapia en un grupo con otros niños. Ahora podía comunicarse con otros niños de su misma edad. La terapia de juego fue muy beneficiosa. El sicólogo también trabajó con la mamá para ayudarla a enfrentar su propia sensación de impotencia y los temores de que su esposo fuera descubierto en el trabajo y deportado.

La madre encontró amistades en la iglesia que le suministraron información útil para su diario vivir. «Conocí a otras mujeres que habían pasado por circunstancias similares. Escuché cómo su fe las ayudaba a sobrellevar los problemas. Con los meses, mi ansiedad fue disminuyendo». Ella obtuvo información y asesoramiento, y conoció a personas que podrían asistir a la familia en caso de que su esposo fuera descubierto en el trabajo. Aunque no podía vivir libre de preocupaciones y temores, le resultaba tranquilizador saber que no estaría sola si fueran descubiertos.

Cómo sobrellevar el estrés

¿Cómo sobrellevan los adultos el estrés relacionado con un estatus legal incierto? Algunos inmigrantes se aferran a la idea de que una educación le dará un mejor futuro a sus hijos. Los padres soportan el estrés como parte del sacrificio que están dispuestos a hacer por sus hijos. El sacrificio es un tema muy importante en la vida de estos padres. Por eso aceptan las inequidades y los sufrimientos.

Las familias se aferran a la esperanza para seguir adelante en medio de un estatus incierto. Los padres y las madres se sacrifican, y los niños responden a las expectativas de sus padres viviendo como ellos quieren que vivan, que puede significar vivir lo más invisible posible. Lo asumen como su responsabilidad con la esperanza de poder, algún día, encontrar una salida a las circunstancias precarias o inciertas de la familia.

Para los adolescentes que nacieron en los Estados Unidos o que han vivido aquí lo suficiente para poder hablar inglés con fluidez y que comprenden sus derechos legales a una educación, la escuela a menudo les provee un sentido de estabilidad. Estos adolescentes cumplen las normas y buscan ser aceptados como iguales. Incluso llegan a creer que gracias a su comportamiento ejemplar la familia tendrá asegurado un resultado positivo.

Erika Saldaña ideó un plan

Erika tiene 17 años y ha vivido en los Estados Unidos desde que tenía seis años. Su familia tiene un estatus irregular y precario. Ella es la mayor de cuatro niños. El año pasado, su hermano Tomás, de 14 años, recibió una amonestación por una falta de conducta en la escuela. Había estado jugando en el patio de la escuela y se le pasó el tiempo, y llegó tarde a clase. En consecuencia, recibió una notificación (*pink slip*) que uno de los padres tendría que firmar.

En la familia Saldaña, todos los niños sabían que nunca podían traer a la casa nada que hubiera que firmar. Tomás se puso tan nervioso que le dio un ataque de asma. La escuela no tenía un número de teléfono actualizado para contactar a la familia. Tomás nunca le había dicho a nadie dónde vivía, y le suplicó a la consejera que lo dejara regresar a su casa solo, después de salir del cuarto de emergencias. Para no generar más ansiedad, la escuela autorizó a Tomás a retirarse.

Al principio, Tomás no le dijo a nadie lo que había sucedido en la escuela, pero sabía que alguien tendría que firmar la amonestación. Por fin, decidió contárselo a Erika. «Erika, yo no quería que me pasara esto. Me sentía tan bien y..., ya sabes, no escuché el timbre». «Debes tener más cuidado, Tomás. Podría pasarte algo. Tú tienes asma. Pero, bueno, dame la nota, yo la firmaré». Ella firmó la notificación con un nombre ficticio. Pero el incidente le hizo darse cuenta de que necesitaba un plan para ayudar a su familia. La vida de su hermano pudo haber estado en peligro. Ella no quería que le pasara nada grave.

Erika estaba acostumbrada a hacerse responsable de los aspectos sociales y públicos de sus vidas, y por eso decidió enfrentar el asunto del estatus incierto de su familia. Además, Erika sabía cómo encontrar información. Después de una semana, por medio de una prima de una amiga, se enteró de que enrolarse en las fuerzas armadas servía para comenzar el proceso de convertirse en ciudadano. Su cumpleaños sería en dos meses. Ella iría a ver a un reclutador, entonces.

El plan de Erika

El incidente con su hermano la convenció de que había que ocuparse del estatus legal de la familia. Ella decide enfrentar la situación con esperanza, creyendo que con sus acciones asegurará un desenlace positivo para el proceso de inmigración de su familia. Pero además de Erika, la familia entera quiere creer que todo saldrá bien al final. A pesar del estatus legal precario de la familia, los padres mandan a sus hijos a la escuela. Ellos tienen expectativas para sus hijos y creen que los niños (y eventualmente toda la familia) se beneficiarán de una buena educación. Tomás comprendió que no había estado a la altura de estas expectativas.

Los niños responden al sacrificio y a las expectativas de sus padres esforzándose por ser personas responsables. Demuestran su dignidad no sólo a sus padres, sino a la comunidad y a la nación a la cual quieren integrarse. La decisión de Erika de incorporarse al ejército conjuga los valores de responsabilidad, dignidad y sacrificio que han definido a su familia. Jóvenes inmigrantes que buscan caminos hacia sus futuros llegan a pensar que enlistarse en la militar les ayudaría a resolver su estatus legal. Sin embargo, hasta que no se pase ley de reforma de inmigración Erika y jóvenes como ella no pueden contar con esta opción para crear sus futuros.

NOTA

1. Para más información, ver el estudio de Goldring, L., C. Berinstein y J. K. Bernhard, (2009), «Institutionalizing precarious migratory status in Canada». *Citizenship Studies,* 13(3), 239-265. Ver también Young, J.E.E. (inédito). «A new politics of the city: Locating the limits of hospitality and practicing the city-as-refuge». *ACME: An International E-Journal for Critical Geographies.*

CAPÍTULO 6

El papel de la religión y las communidades de fe

Les aseguro que el que no reciba
el reino de Dios como un niño,
de ninguna manera entrará en él. Y después
de abrazarlos, los bendecía poniendo
las manos sobre ellos.
Marcos 10:15-16

Es fundamental que las familias inmigrantes continúen con sus prácticas y actividades religiosas para preservar un sentido de estabilidad y normalidad cultural. La religión provee una sensación de sentido y una estructura para poder entender los eventos en la vida. En un nuevo ambiente, sin las herramientas para discernir las cosas que suceden al alrededor, la religión provee un marco para entender nuestras experiencias.

Para muchos inmigrantes, la fe es lo más alto y poderoso, es una fuente de esperanza que los ayuda a perseverar y enfrentar las dificultades. Algunos problemas no se pueden resolver de inmediato, pero la fe infunde optimismo para enfrentar las luchas diarias. Tal optimismo y perseverancia ayuda a las familias a concentrarse en lo que tienen que hacer para mejorar la situación y evita que se sientan abrumadas, permitiéndoles vislumbrar caminos para resolver los problemas con imaginación y creatividad.

La vida espiritual de los niños

¿Qué función cumple la espiritualidad en la vida de los niños? ¿Les puede ayudar en su proceso de adaptación? ¡Definitivamente![1]

La sicología y la experiencia de trabajo social reconocen que los niños tienen necesidades espirituales además de las necesidades físicas, sociales y emocionales. La fe religiosa es un factor de resiliencia que ayuda a los niños a enfrentar situaciones estresantes. En muchas comunidades de inmigrantes la fe está entretejida en la trama de la cultura. La fe y la espiritualidad son fuerzas poderosas que dan forma a nuestras costumbres y refuerzan la mente y el corazón de los niños. La fe religiosa puede ayudarlos a desarrollar confianza en sí mismos. Por esta razón, quienes trabajan con niños de familias inmigrantes procuran ayudarlos a reconectarse con su fe porque les permitirá sanar sus heridas y les dará herramientas para salir adelante.

¿Cuál es, entonces, la naturaleza de la espiritualidad del niño? ¿Cómo se forma y se expresa? ¿En qué medida la fe ayuda a los niños a enfrentar las situaciones estresantes de la inmigración?

El desarrollo espiritual de los niños

Los niños comienzan a desarrollar su vida espiritual por medio de sus experiencias relacionales, especialmente en la relación con sus padres y las personas responsables de su cuidado. Desde la infancia, experimentan el amor de Dios por medio de relaciones positivas con quienes los cuidan. Los niños desarrollan su sentido de aceptación, pertenencia y confianza mucho antes del habla. Sin relaciones, no hay espiritualidad: la relación con uno mismo, con otros, con la naturaleza y con Dios. La fe comienza con la confianza. La niña entiende que puede confiar en Dios porque su sentido de Dios está asociado a sus experiencias positivas de ser amada y aceptada. Esto no depende del contenido ni de las creencias propias de un conocimiento más maduro de la fe; sino que es su vivencia de los lazos relacionales en su vida.

Pertenecer a un grupo implica sentirse parte de la comunidad e identificarse con las personas que forman la comunidad o la familia. Mientras pensamos que los niños simplemente están jugando, ellos están con las antenas levantadas, escuchando y vigilando todo a su alrededor e incorporando lo que ven y experimentan a su propia identidad. Los niños observan a las personas a su alrededor y prestan atención a cómo se comportan. Los rituales, los patrones y las rutinas los ayudan a encontrar su lugar en la comunidad. Los niños aprenden los rituales religiosos antes de poder entenderlos. Por ejemplo, cuando mi hija tenía siete meses ella hacía una pausa antes de tomar su mamadera de leche. El orar antes de la comida era un ritual en nuestro hogar. Yo siempre oraba antes de poner la mamadera en su boca; cuando ella misma pudo sostenerla sola, había aprendido a esperar y mirarme, esperando que yo orara.

La espiritualidad es la capacidad de asombrarse

Entre los tres y ocho años, los niños comienzan a razonar por medio de su intuición, mientras perciben su mundo por medio de los cinco sentidos, olfato, tacto, oído, vista y gusto. Los niños pequeños manifiestan gran asombro y admiración al ver los detalles de la creación. Observar una hormiga cargando a un insecto muerto a su casa, tocar y seguir con el dedo las nervaduras de una hoja o tratar de imitar la manera en que vuela un pájaro son formas de asombrarse ante la maravilla de la creación. Del asombro se pasa al deseo de saber: una oportunidad en la que los adultos pueden comenzar a presentar sus creencias espirituales y los valores de su comunidad.

Aunque no asistan a los cultos ni a la iglesia, los niños igual desarrollan una espiritualidad basada en los ideales y valores con quienes conviven. Su concepto de Dios está relacionado con las experiencias que tengan con los adultos más importantes en su vida. Cuando estas personas están ausentes en la infancia, o no son como deberían ser, el concepto de Dios se convierte en lo que el niño o la niña desearían que fueran esos adultos en su vida. Dios se convierte en la persona que les da estabilidad y seguridad.

¿Cómo oran los niños?

La oración es una fuente de fortaleza para muchos niños, como lo es para muchos adultos. Los niños no están en posición de controlar las circunstancias que afectan a sus vidas directamente. Ellos dependen de los adultos para que sean sensibles a sus necesidades e intervengan. Pero los padres inmigrantes no siempre están en una posición ventajosa para controlar todo lo que afecta a la vida de sus hijos. En ese contexto, los niños pueden encontrar que la oración es una fuente de seguridad y fortaleza.

¿Qué tipo de oraciones hacen los niños? ¿Cómo esperan que Dios intervenga en las circunstancias de su vida? Los niños oran de diversa manera. Algunos usan una oración declarativa donde simplemente le anuncian a Dios lo que esperan que Él haga. Otros le piden a Dios que haga algo o le plantean un pacto para que Dios les conceda favores, asistencia, protección o consuelo. Otras veces, creen que Dios interviene directamente, sin que ellos tengan que orar. En otros momentos pueden creer que para que Dios intervenga en su vida, necesitan cumplir un ritual. Si bien muchos niños oran, otros sienten que a Dios no le importa su situación presente, y prescinden de Dios.

Historias religiosas, Sansón, y el padre de Almanidia

Las historias religiosas son una manera importante en que los niños construyen valores y vinculan su fe a su propia experiencia con el mundo a su alrededor. Por eso los niños siempre se memorizan las historias que escucharon y mezclan las historias con detalles de sus propias vidas.

Almanidia era una niña inquieta que casi no se podía quedar sentada para escuchar una historia. Interrumpía para contar su propia historia o caminaba hacia la puerta para mirar qué pasaba afuera. Cuando se le pedía que se sentara otra vez, se mecía para adelante y para atrás. A pesar de todo, era siempre capaz de acordarse con lujo de detalle la historia que su maestra en la iglesia le había contado. A menudo la maestra les pedía a los niños que pintaran un episodio de la historia, o que recrearan la historia usando figuras de papel o interpretando a los personajes.

Un domingo, Almanidia estaba más nerviosa que nunca. En su vecindario se habían enterado de unas redadas en otro pueblo donde se habían llevado a los padres y dejado atrás a los niños. Una de las niñas había venido a la iglesia ese día con sus tíos, quienes la habían ido a buscar después de la redada.

La historia bíblica del día era sobre Sansón y la gran fuerza que Dios le había dado. Almanidia casi se peleó por tener un turno para jugar con las figuras de papel. Ella quería contar la historia una y otra vez. Al final de la clase no se quería ir porque quería seguir jugando con las figuras de papel. «Me gusta esta historia», le dijo a la maestra. «¿Por qué?», le pregunto la maestra. «Me gusta. Los buenos tienen ayuda, y los malos se van. Me gusta». Continuaba relatándose la historia una y otra vez. Su maestra se dio cuenta de que eso era importante para Almanidia, y se quedó para escucharla relatar su historia.

> Este es mi papá, y la gente vino a llevárselo, pero Dios le dio mucha fuerza y él pudo pelear y ayudar a que toda la gente se escapara, y él se escapó también y no lo pudieron alcanzar. Entonces él salió y volcó los automóviles de la gente mala y no pudieron perseguir a la gente buena, y después ellos se fueron a su casa y se quedaron con su familia. Después mi papá puso árboles grandes y piedras en el camino para que aunque pudieran volver a subir a

sus autos, no pudiera pasar. Y había una señora que era muy vieja para correr y mi papá la levantó y la llevó a su casa. Entonces, cuando papá llegó a casa, era el mismo de siempre y empezó a jugar conmigo.

Almanidia contó la historia varias veces, cambiando algunos detalles cada vez. Era evidente que temía que a su padre lo llevaran detenido en una redada. Ella también temía por los otros niños que conocía. Estaba muy bien enterada de lo que sucedía a su alrededor. La historia de Sansón le proveyó una imagen de cómo Dios protegería a su papá. Dios le daría fuerzas extraordinarias cuando él lo necesitara. Su padre usaría su fuerza para ayudar a otros también.

Noten cómo ella incorporó los detalles de su propia vida a la historia, y la manera en que encuadra la historia como un conflicto entre buenos y malos. Los buenos se salvan, y los malos no pueden hacer nada. Esto revela el sentido de justicia que tiene Almanidia, una cualidad muy importante para su edad. Para ella, Dios es un Dios justo.

Las edades de diez a doce: lógica, fe y esperanza

En la preadolescencia, los niños comienzan a acercarse a su espiritualidad de otra forma. Ahora pueden entender las relaciones de causa y efecto y quieren conocer la razón de las cosas. Son más capaces de comprender los asuntos complejos de la vida cotidiana. Por ejemplo, pueden entender que hay leyes, y no sólo gente buena y gente mala. Pueden entender que no siempre se hace justicia y que para cambiar las situaciones no basta un Sansón, sino que las personas deben aunar sus esfuerzos. Viven su fe y sus temores de otra manera que antes.

Algunos niños entre diez y doce años desarrollan la habilidad de pensar de manera abstracta. Esto significa que pueden alejarse de sus propias experiencias y comprender los conceptos de libertad, esperanza y justicia. Esto los lleva a cuestionar las creencias de su comunidad. Desarrollan una duda saludable para poder creer lo que ellos quieren creer según sus propias convicciones. Este tipo de duda todavía es fe, pero una fe que se para de puntillas para tener otra perspectiva y para profundizar su entendimiento de las cosas. Estos jóvenes quieren creer por ellos mismos, y no sólo aceptar y adoptar las creencias de sus padres u otros adultos influyentes en su vida.

Durante este tiempo los jóvenes saben que hay otras personas y comunidades con creencias distintas, y quieren conocer más sobre ellas. Comparan las creencias diferentes para ver con cuál se identificarán. Buscan prácticas espirituales que les permitan suficiente libertad para hacer preguntas, para reflexionar y para ser parte de los cambios en su mundo. Algunas comunidades de fe ofrecen clases de confirmación para estas edades, para darles la oportunidad de descubrir y hacer preguntas sobre los orígenes de su fe. Estas clases casi siempre incluyen una serie de actividades que les enseñan a compartir y contribuir a mejorar la vida de su comunidad. De esta manera, los jóvenes descubrirán prácticas espirituales con que expresar su compromiso, para no sólo tener fe, sino ser fieles.

La espiritualidad y cómo encontrarle sentido al mundo

A medida que aumenta la capacidad de comprensión de los niños y se agranda el mundo en que viven, los niños quieren y necesitan saber qué pueden hacer para influir en su mundo. Así como un entendimiento abstracto les permite ponerse en el lugar del otro y sentir compasión; esta compasión necesita expresarse de alguna manera. Su sentido de justicia y de «juego limpio» también forma parte de esto. Pero los niños con estatus de no residentes también van conociendo las limitaciones que su situación implica para el futuro. ¿Cómo pueden asociar sus acciones con el resto del mundo durante este tiempo?

Muchos de estos niños inmigrantes ya trabajan en las comunidades y en su mundo. Traducen en las tiendas, en los hospitales y en otras instituciones. Cuidan a sus hermanas y hermanos menores mientras sus padres trabajan, los ayudan con los deberes de la escuela y toman decisiones en asuntos de disciplina. A veces tienen que encargarse de cocinar y de limpiar la casa. Otras veces, son quienes escriben las cartas, pagan las cuentas, contestan el teléfono y les explican a sus padres y quizás también a los vecinos lo que no entienden. Ayudan a sus maestros y administradores de escuela con traducciones o quizás colaboran ayudando a los inmigrantes recién llegados a aprender inglés. Se convierten en mentores de estos niños para describirles y explicarles las reglas y rutinas de la nueva escuela. Aprenden a ser intermediarios, ayudando a sus padres y otros inmigrantes a navegar entre las dos culturas en que viven.[2]

Hasta cierto punto, con estas responsabilidades se les está robando la niñez a estos niños. Si estas pesadas responsabilidades no se balancean con oportunidades para jugar y participar en otras actividades de su propio interés, los niños pueden llegar a sentirse sobrecargados. En cambio, si se logra un sano equilibrio entre estas experiencias de vida, su aprendizaje como mediadores podría convertirse en una incipiente vocación que tal vez los ayudarán a descubrir sus talentos e intereses, y a desarrollar habilidades en esas áreas. La oportunidad de descubrir y poner en práctica los talentos de cada uno es crucial para la vida espiritual en la infancia.

NOTAS

1. Para una discusión extensa de la vida de fe en la infancia, ver Karen Marie Yust, *Real Kids, Real Faith: Practices for Nurturing Children's Spiritual Lives* (San Francisco, CA: Jossey-Bass, 2004). Las percepciones de Yust son reflejadas aquí.
2. Para más discusión sobre este y otros tópicos relacionados, ver Rowena Fong, ed. *Culturally Competent Practice with Immigrant and Refugee Children and Families* (New York: The Guilford Press, 2004).

Los niños y las redadas

*Pero si alguien hace pecar a uno de estos pequeños que creen
en mí, más le valdría que le colgaran al cuello una gran
piedra de molino y lo hundieran en lo profundo del mar.*
Mateo 18:6

Una redada en el lugar de empleo es uno de los medios para hacer
cumplir las leyes inmigratorias. El propósito de las redadas es
encontrar personas indocumentadas o portadoras de números de
seguro social falso. Distintas son las actividades que se concentran
cerca de la frontera. Las redadas en los lugares de empleo se llevan
a cabo en todo el país. A veces, las personas detenidas hace años
que viven en el país. Estas detenciones desestabilizan a las familias
y las afectan en el orden económico, sicológico y también físico.

Se estima que cinco millones de niños en los Estados Unidos
tienen uno o ambos padres indocumentados. Por cada dos
personas detenidas en su lugar de empleo, por lo menos un niño
será separado del padre o de la madre. Aunque los niños no pueden
ser detenidos, las redadas los afectan directamente y pueden tener
un impacto duradero en sus vidas.

El día que detuvieron a Javier y María
Un martes por la mañana, Javier y María Castillo salieron de su casa
a las 6:30. Esto les daba tiempo para tomar el autobús y llegar a la
planta donde los dos trabajaban hasta las 8:00 de la tarde. Javier y

María tenían tres niños, de siete y tres años y de seis meses. La hermana de María, Gaby, estaba viviendo con ellos desde que habían deportado a su esposo el año anterior. Todas las mañana, Gaby llevaba a los dos menores a la casa de una prima, a cinco cuadras de su casa. La prima los cuidaba todo el día. Gaby luego dejaba a la mayor en la escuela antes de irse a su propio trabajo, en un restaurante que quedaba a menos de dos millas. Por la tarde, Cristina, la de siete años, regresaba caminando a casa de la prima y de allí los padres recogían a los tres niños cuando volvían del trabajo. Gaby trabajaba en el restaurante hasta más tarde en la noche.

Aquel martes, a eso de las 10:15 de la mañana, los agentes de «la Migra» hicieron una redada donde trabajaban Javier y María. Los dos fueron detenidos y transportados a un centro de detención lejos de su casa. Allí, separaron a los hombres de las mujeres para que los padres quedaran incomunicados. Ni Javier ni María se atrevían a mencionar a los niños, temiendo que se los quitaran. Aunque suplicaron permiso para hacer una llamada telefónica, no se les autorizó.

Cuando ya era tarde en la noche y sus padres aún no habían llegado, Cristina se inquietó, se dejó llevar por el pánico y comenzó a llorar. La prima que los cuidaba no tenía comida para el bebé de seis meses ni los recursos para comprarla. Ya estaban circulando los rumores de la redada y ella temía que Javier y María hubieran caído. Una vecina compartió la comida y les dio pañales para poder atender a la criatura, pero por esa noche solamente. A los más pequeños se les dijo que sus padres habían tenido que quedarse a trabajar hasta tarde en un proyecto especial. La de tres años no entendía y no paraba de llorar, corriendo a la ventana y llamando a su mamá. La de siete años se sentó en una esquina y no quería comer ni tomar nada.

Cuando Gaby llegó del trabajo a medianoche y no encontró a nadie en casa, temió lo peor. Se le aceleró el corazón, tenía dificultad para respirar y se le hizo un nudo en el estómago. Ella había experimentado lo mismo el día en que su esposo no regresó de su trabajo y fue detenido. Gaby se puso a dar vueltas en el apartamento, tratando de calmarse. Por fin, se fue a la casa de su prima, donde su sobrina de siete años se le lanzó a los brazos, sollozando en su hombro. La prima le explicó que los padres no habían regresado y le susurró que podría tratarse de «la Migra», como se conoce vulgarmente a los agentes de inmigración.

Las dos mujeres pensaron en una estrategia para cuidar de los niños. Se preguntaron si convendría seguir mandando a la mayor a la escuela. Si iba a la escuela tendría comida gratis y la clase sería una distracción. Pero tenían miedo de que los agentes de inmigración fueran a la escuela. Gaby decidió que se arriesgaría a preguntar si la niña estaría segura en la escuela antes de dejarla. Esa noche, Gaby durmió en una silla en la casa y dejó todo el dinero de sus propinas para comprar alimentos y otras necesidades para los niños.

Al día siguiente, cuando su tía la dejó en la escuela, Cristina gritaba y no quería soltarla. La redada también había afectado a otros niños de la clase de Cristina. Algunos habían pasado la noche en la escuela pues no tenían a nadie que los recogiera. El distrito había hecho arreglos de emergencia tan pronto se enteraron de la redada. La trabajadora social comenzó a averiguar los nombres de las personas detenidas para ver cuáles niños regresarían a hogares sin un adulto para cuidarlos. Era casi imposible, pues el ICE (el Servicio de Inmigración y Control de Aduanas de los Estados Unidos) todavía no había publicado la lista completa con los nombres de los detenidos y muchos de los padres que habían sido detenidos no habían aportado los nombres de sus hijos. La escuela estaba trabajando con otros servicios sociales de la comunidad para asegurar que las familias tuvieran acceso a alimentos y a otras necesidades inmediatas.

La iglesia se convirtió en un lugar de reunión para la gente, pues allí podían recibir ayuda y era un lugar de confianza. Diversas organizaciones no gubernamentales se instalaron en la iglesia, y los miembros de la iglesia se unieron para identificar a las familias afectadas. Los miembros de la iglesia llevaron bolsas de alimentos y otros artículos a los hogares de los detenidos, pero algunas familias no estaban dispuestas a abrirles, temiendo que las autoridades regresaran a detener a otros miembros de la familia. El surtido se dejaba en la puerta.

La prioridad en la escuela fue ayudar a los niños a enfrentar sus emociones y temores. La hora de cuentos se convirtió en una oportunidad para que los niños contaran lo que había pasado en sus propias palabras. La escuela procuró comunicarles a los padres que los niños estarían protegidos en la escuela. Tomó varios días antes que los padres volvieran a mandar a los niños a la escuela.

A los tres días, María quedó en libertad para poder estar con sus hijos. La iglesia había mandado abogados para defender a los detenidos, y los agentes dejaron ir a María al saber que ella tenía tres hijos. A Javier le ofrecieron la deportación, pero él decidió pelearla. Otros escogieron ser deportados, pues la deportación voluntaria no aparecería en sus legajos; algunos pensaron que siempre cabía la posibilidad de volver a intentar cruzar la frontera para reencontrarse con sus familias. Los que fueron deportados no tuvieron oportunidad de despedirse de sus familias. Podrían comunicasrse con ellas tan pronto llegaran a la frontera.

La ayuda a las familias después de una redada

La historia de la familia Castillo nos enseña cómo el temor es la primera reacción a las redadas. Las familias se aíslan y se sienten marginadas. En algunos casos enfrentan la discriminación de la sociedad. Los niños cuyos padres fueron detenidos pueden ser insultados o señalados como delincuentes por sus compañeros de clase. Otros niños pueden no regresar a la escuela hasta que los adultos estén seguros de que allí estarán protegidos. Las redadas separan a los niños y a los padres y las madres del sistema de apoyo cuando más lo necesitan.

Sicológicamente, los niños experimentan mucha ansiedad después de una redada, la que se puede manifestar como depresión, trastorno de ansiedad por separación, o incluso trauma. El estrés se puede manifestar en la pérdida de apetito y peso, la imposibilidad de dormir y mala conducta. Desde el punto de vista económico, las familias necesitarán alimento e insumos diarios, y muchas necesitarán ayuda para pagar las cuentas. Algunos tal vez tengan que pagar una abultada fianza para que se los deje en libertad transitoria.

Un estudio desarrollado por el National Council of La Raza (en español: el Consejo Nacional de La Raza, dedicado a la acción política y la defensa de los derechos civiles de los hispanos) encontró que las iglesias son las primeras en responder a las necesidades inmediatas de las familias afectadas por las redadas.[1] Hay organizaciones no gubernamentales que muchas veces trabajan con las iglesias proveyendo sus servicios en los locales de las iglesias. El mismo estudio incluyó recomendaciones de cómo las iglesias y otras agencias pueden asistir a las familias afectadas por una redada.

Después de una redada, es importante obtener del ICE una lista de los detenidos, para asegurar la asistencia a los niños y otros familiares de los detenidos. Lo más conveniente es asegurarse de que los niños queden con algún familiar o con otra persona que se haga responsable de ellos, y no en algún tipo de custodia estatal, como pudiera ser un hogar de menores. Las iglesias también pueden dar asesoramiento legal a las personas arrestadas o recluidas en centros de detención, con el fin de obtener la libertad del padre o de la madre (especialmente si se trata de madres o padres solteros) para que puedan estar con sus hijos. Otra clase de asistencia legal puede ser ayudar a los detenidos a concertar entrevistas con sus abogados o a ponerse en contacto con el consulado de su país (este derecho ampara a todas las personas detenidas por el ICE); asegurar la confidencialidad de las conversaciones telefónicas de los detenidos; crear un plan para atender a los niños mientras el padre o la madre están detenidos; y ofrecer apoyo sicológico a los niños y a sus padres para aliviar de algún modo el trance y su impacto emocional.

Los distritos de las escuelas pueden ayudar asegurándose de que los niños no se queden solos en su hogar. Ellos pueden arreglar con otros familiares y redes de apoyo comunitario para asegurar una supervisión adulta para los niños. Las iglesias pueden ser un espacio seguro donde coincidan las personas afectadas y las organizaciones de servicio, así como un centro para coordinar la ayuda y la distribución de alimentos, proveer transporte y recaudar fondos colaboradores. Las distintas agencias de servicio deben coordinar los esfuerzos y decidir sobre el uso de los fondos. Necesitarán determinar también cuáles serán las prioridades de servicio.

Las iglesias son el lugar donde los inmigrantes latinos vienen para alimentar tanto su vida espiritual como su vida en comunidad. En tiempos de prueba las familias primero recurren a sus familiares y luego al refugio de las instituciones y líderes religiosos. Aunque no todas las iglesias cuentan con suficiente personal para atender las necesidades de tantas personas, su capacidad de comunicación con las familias y su sensibilidad intercultural para promover un ambiente de confianza hacen que la iglesia sea un lugar de refugio cuando suceden estos incidentes. Pero como para una iglesia le será difícil el esfuerzo sostenido en el tiempo, es importante que esté afiliada a una red de sistemas de servicios sociales privados en su área. Lo ideal es que esta red ya esté operativa de antemano, para que en caso de una emergencia, la iglesia esté preparada para responder y convocar la acción coordinada de otros.

Las iglesias tienen que asegurarse que las otras organizaciones con las que trabajarán sean de confianza. Deben examinar el trabajo presente de estas organizaciones e investigar cuáles son las leyes que afectan su trabajo; en particular, si su financiación requieren que se denuncie el estatus legal de sus usuarios. La mayoría de las organizaciones privadas presentan informes anuales públicos donde figura el origen de su financiación.

La atención de los niños afectados

Muchos de los niños más afectados por las redadas en los lugares de empleo son ciudadanos de los Estados Unidos, pues nacieron en los Estados Unidos. En el 2005 se estimó que el 67% de estos niños eran menores de diez años, y un tercio de ellos estaban en edad preescolar. Esto implica que después de una redada, la prioridad debe ser el cuidado de estos niños. Los niños más pequeños se sentirán abandonados, pues no entenderán lo que pasó. Los niños mayores sentirán mucho temor, especialmente si fueron testigos de la detención de uno de sus padres.

El trauma en torno a estas situaciones se manifiesta de varias formas. Puede producir sentimientos de «no sirvo para nada», falta de concentración, dificultad para dormir, agresión, hipervigilancia (esperando que suceda algo malo o peor), y recuerdos que lo llevan a revivir la experiencia (*flashbacks*). Los niños preescolares pueden responder agarrándose al padre, a la madre o la persona encargada de cuidarlo, llorando y gritando, gimiendo o temblando, movedizos e inquietos o anormalmente quietos y retraidos. Puede haber regresiones a conductas infantiles como el chuparse el dedo, mojar la cama o tener miedo a la oscuridad. La reacción de los niños estará condicionada por la manera en que vean cómo los adultos reaccionan a los eventos.

Los niños entre seis y once años pueden aislarse, quedarse muy callados, tener pesadillas u otros trastornos del sueño, volverse irritables o inquietos, o tener arranques de ira. Puede ser que empiecen a pelear, que no quieran ir a la escuela, que se quejen de problemas físicos asíntomáticos, que se depriman, que experimenten sentimiento de culpa o que caigan en una apatía anímica. Pueden tener dificultad para concentrarse, y los consiguientes problemas en la escuela o con la realización de los deberes.

Los adolescentes pueden revivir el momento en su mente o, por el contrario, buscar evitar todo lo que les recuerde el incidente. Podrían comenzar a drogarse, a beber o a fumar, o manifestar otras formas de comportamiento antisocial como mala conducta en clase, falta de respeto o aun actos de vandalismo. También pueden tener pesadillas o problemas para dormir, y se pueden deprimir, aislar o confundir. En algunos casos, los sentimientos pueden despertar ideas de suicidio. Los adolescentes pueden sentirse culpables porque creen que ellos deberían haber podido hacer algo para prevenir el arresto de sus padres, o pueden también tener pensamientos de desquite o de venganza.[2]

Estos niños y niñas necesitan ser escuchados y tener la oportunidad de expresar todo lo que piensan y están sintiendo. Los niños menores no pueden hablar como los adultos, pero sí pueden dibujar. Los mayores pueden expresarse por escrito. El tocar música puede ser una manera de disimular o de expresar sus emociones. En lugar de pedirles que sean fuertes, debemos aceptar las emociones que tienen y ayudarlos a encontrar maneras constructivas de canalizar sus emociones.

También podemos ayudarlos manteniendo su situación lo más estable posible, evitando cambios drásticos como una mudanza que los aleje de sus familiares o de su ambiente. Conviene reducir lo más posible el tiempo que los niños estén separados del padre o de la madre. Es importante que en la escuela se entienda las circunstancias que están viviendo para que no les exijan innecesariamente. Les podemos recordar que hay personas que los aman y que quieren ayudarlos.

Es importante ser francos y no darles falsas esperanzas a los jóvenes. Los niños necesitan explicaciones claras, en un lenguaje que puedan comprender. Las preguntas que hagan pueden ser reveladoras de sus temores o ansiedades. No hay dos niños iguales. Algunos son expresivos y se desahogan; otros, parecería no estar afectados, y sus sentimientos recién aparecerán más adelante en el proceso. Debemos estar atentos a los cambios súbitos en la manera de hablar o del comportamiento. Si se producen cambios agudos, debemos buscar ayuda profesional, procurar tranquilizar al niño y ser comprensivos.

Lo primero que debemos hacer para ayudar a los niños es mantener la calma. Como adultos tal vez también tengamos temor, estemos preocupados o nos sintamos inútiles. Los niños captan cómo nos sentimos. Cuando los adultos viven una tensión, muchas veces el ambiente se carga de discusiones y gritos, en un vano intento de dominar la situación. Esto provoca estrés e inseguridad en los niños. Queremos darles más atención, no mas tensión de la que ya existe a su alrededor. Debemos mantener la calma y preservar los vínculos con las redes de apoyo. Esto nos ayudará a cuidar de los niños y nos permitirá tener una cuota sana de optimismo.

Debemos hacer lo posible por aliviar los síntomas que hemos mencionado. Si un niño está teniendo problemas para dormirse, deje una luz pequeña de noche o deje que duerma en el mismo cuarto con usted. Apéguese a la rutina diaria del niño lo más posible, pues esto les da una vinculación a lo familiar. (Para los niños mayores, mantener la rutina incluye asistir a la escuela). Si es imposible continuar con las rutinas familiares, trate de establecer rutinas nuevas. Busque tener el mismo horario de las comidas, aunque no estén en el mismo ambiente. El esperar la llegada de provisiones y noticias cumple una función clave durante el tiempo inmediato a una detención. Mientras espera, procure ser optimista y use su creatividad para resolver problemas: se sentirá más fuerte. Juegue con los niños y continúe con cualquier costumbre religiosa que tuvieran, como la oración o la lectura de historias de la Biblia. El permitir que, en la medida de lo posible, los niños tomen sus propias decisiones les dará un sentido de dominio sobre sus vidas.

Con el correr de los días y las semanas después del evento traumático, los síntomas tenderán a disminuir. Si los síntomas problemáticos continúan o se intensifican, debe buscar ayuda profesional. Los líderes de la iglesia y otras organizaciones que no notifican al gobierno pueden ser contactos muy valiosos para ayudar a identificar tales recursos.

NOTAS

1. Los diálogos son ficticios pero están basados en historias verídicas descritas en *Paying the Price: The Impact of Immigration Raids on American's Children*, un informe del Urban Institute para el National Council of La Raza, publicado por el Consejo en Washington, DC, 2007; los autores son Randy Capps, Rosa María Castañeda, Ajay Chaudry y Robert Santos.

2. «Coping with Trauma after Violence and Disasters», http://www.nimh.nih.gov/health/publications/helping-children-and-adolescents-cope-with-violence-and-disasters-community-members/coping-with-trauma-after-violence-and-disasters.shtml. Con acceso en octubre 2010.

Otra manera de entender el «estatus»

Cuando algún extranjero se establezca en el país de ustedes, no lo traten mal. Al contrario, trátenlo como si fuera uno de ustedes. Ámenlo como a ustedes mismos, porque también ustedes fueron extranjeros en Egipto.
Levítico 19:33-34

En nuestra discusión sobre las familias inmigrantes, nos hemos referido tanto al estatus legal como al estatus socioeconómico. Podemos ver que la palabra *estatus* se refiere a la posición, categoría o jerarquía de una persona. En gran parte, los miembros de una sociedad determinan el estatus de las personas que ingresan a su sociedad. Pero el encontrar maneras de ofrecer una posición legal que contemple los derechos humanos de todas las personas es un asunto complicado.

Por medio de su carácter, de los valores y las costumbres cotidianas, y de las contribuciones que aspiran a hacer, los inmigrantes en los Estados Unidos demuestran que desean tener un estatus favorable. Cuando no consiguen satisfacer las necesidades básicas para vivir en su país de origen ni en el país a donde inmigraron, los inmigrantes se encuentran en una situación en la que tienen que escoger entre hacer como puedan para la supervivencia de sus familias o cumplir las leyes que les niegan los derechos a la supervivencia. A veces, el conflicto entre estas demandas enfrentadas parece inevitable. Tal conflicto sólo se puede resolver en tanto los países procuren satisfacer las necesidades de todos sus ciudadanos, tomando en consideración las implicancias que pueden tener los acuerdos económicos que desestabilizan la condición económica de los pueblos. Las necesidades humanas y los derechos humanos deben ser variables de la ecuación. Todos estos factores están comprendidos en la cuestión del «estatus». Por eso es necesaria una reforma comprensiva de las leyes de inmigración.

Estatus, identidad, y justicia

La creencia en la posibilidad de un cambio positivo en su estatus muchas veces infunde la esperanza y las fortalezas necesarias para el diario vivir. ¿Qué pasa cuando esa posibilidad no existe? Para algunas personas, el resultado es la desesperanza y la enfermedad. En otras, en cambio, les genera otro sentido de identidad. Puede que acepten su marginalización como una realidad política, pero se niegan a comprenderla como la verdad que define quiénes son realmente. Estas personas y familias se niegan a vivir percibiéndose únicamente como «extranjeros ilegales» o «personas indocumentadas». Construyen su identidad a partir de un principio más elevado, e insisten en que son iguales a otros hombres y mujeres. Perseveran a pesar de las limitaciones de su contexto, y luchan contra las lenguas y las leyes que las definen como «no personas» o personas sin derecho a un estatus igualitario. Crean estrategias para sobrevivir, e insisten en su «estatus humano» y en que las injusticias que imperan en los dos países les dan el derecho a subvertir las clasificaciones prolijas producidas por el Estado. Nos empujan a todos hacia un estatus de dignidad y justicia.

Estas personas son los adultos y niños que hemos visto protestando contra las leyes injustas de inmigración. Son nuestros héroes latinos de hoy. Su esperanza va más allá de la obtención de un estatus legal para ellos mismos y para sus seres queridos. Los anima la esperanza de trabajar juntos por la justicia. Comprenden que la justicia transformará las definiciones y las categorías del estatus hasta contemplar todas las necesidades reales de los seres humanos. Se trata de un reclamo sociopolítico, filosófico y religioso en el marco del valor inherente de todas las personas, que da expresión a los derechos humanos de los inmigrantes en todas partes del mundo de hoy.

Dignidad

La idea de dignidad es muy importante en la vida de la mayoría de los inmigrantes. El decir que alguien es «digno» significa reconocer los méritos de esa persona; es valorar suficientemente la dignidad humana básica de la persona. Los inmigrantes consideran que tienen igual valor que el resto de las personas y que deben recibir un trato igualitario. La mayoría de los inmigrantes harán todo lo que se les pida para cumplir las responsabilidades que caracterizan a las personas de excelente carácter y apreciadas por la sociedad. Sin embargo, muchos inmigrantes no han tenido esa oportunidad en sus países de origen, ni tampoco la han encontrado en los Estados Unidos. No se les da la posibilidad de asumir responsabilidades ni de cosechar los beneficios de ser ciudadanos dignos.

La historia de los Estados Unidos como nación de inmigrantes es suficiente demostración de las contribuciones de los inmigrantes a este país, aun cuando se los explotaba como mano de obra. A través de la historia, los inmigrantes han buscado dejar un legado de contribuciones, a pesar de las penurias de su condición desventajosa. Por medio del trabajo duro, los inmigrantes transformaron el espíritu de explotación de sus patrones en espíritu de trabajo bien hecho y de generosa contribución. Buscaron demostrar su dignidad y todavía hoy los anima el mismo espíritu.

Los padres inmigrantes transmiten estos valores a sus hijos y eso es evidente. La mayoría de las investigaciones demuestran que los niños inmigrantes tienen actitudes muy positivas hacia la enseñanza, respetan y aprecian a sus docentes y a la dirección, y reconocen los esfuerzos de las escuelas por ayudarlos especialmente durante su periodo de adaptación. Dentro del ambiente sano de la escuela, es un placer enseñarles: son estudiantes muy motivados. Esto también es una expresión de su dignidad.

El término «extranjero ilegal» rebaja a las personas porque las identifica con seres indignos. Ese tipo de lenguaje relega a las personas a espacios de indignidad donde se las desmerece y desprecia como seres humanos.

Cuando nos mantenemos distantes, ajenos y en la ignorancia los unos de los otros, es más fácil proyectar las características negativas en otros individuos o grupos, y culparlos de los males que aquejan a toda la sociedad. En especial, cuando un país atraviesa dificultades económicas, algunos ciudadanos pueden culpar a los recién llegados, a los diferentes o a quienes considera menos dignos que ellos. Perciben que su propia condición económica y social es insegura y ven a estas personas como una amenaza.

Es importante para la salud de las personas encontrar espacios donde se las trate dignamente. Los grupos sociales comunitarios, los equipos de deportes y las iglesias pueden ser lugares donde los inmigrantes se sientan reconocidos en su dignidad mientras aprenden nuevas formas de contribuir a su nueva sociedad.

Después de una redada en un pueblo pequeño de Arkansas, las personas del pueblo, incluyendo al sheriff y otras autoridades, respondieron de inmediato con ayuda para las familias y los niños afectados. Defendieron los derechos de los que habían sido detenidos. Los reclamaron como vecinos, como hermanos y hermanas que adoraban con ellos en sus iglesias, jugaban con ellos en el equipo de fútbol y compartían la misma mesa. Esta comunidad reconoció las contribuciones que sus amigos y amigas inmigrantes estaban haciendo al rico entramado de sus vidas. Los residentes de la comunidad se conocían, se habían relacionado unos con otros en el mano a mano diario. Estaban integrados y empapados con la vida de cada uno. Ésta es una condición fundamental para reconocer, apreciar y aceptarse recíprocamente. Así es como creamos espacios de dignidad e igualdad para todos los seres humanos.

Advance Praise for *Listen to the Children*

"Lost in the rhetoric in the media and the political posturing over immigration are the most vulnerable victims of its harsh realities: the children. With a wise pastoral touch, Dr. Conde-Frazier highlights the complex challenges these young ones face as they seek a way forward in a strange land. We need to put a human face on those who live in the shadows! This book is a timely guide in that direction."
—M. Daniel Carroll R. (Rodas), PhD, Author, *Christians at the Border: Immigration, the Church, and the Bible;* Distinguished Professor of Old Testament, Denver Seminary

"Elizabeth Conde-Frazier's wise and graceful book is a welcome voice in a debate that seems to grow only more shrill with time. *Listen to the Children* reminds us that immigration is a deeply theological issue—one that gets to the heart of what it means to love God and neighbor. Here one finds the compelling stories behind the statistics, the flesh-and-blood families behind the facts. While politicians often trade in fear and misinformation, Conde-Frazier lets immigrants speak for themselves, especially the children so acutely affected by experiences beyond their control. The result is a book of profound insight and humanity that will challenge readers to set aside assumptions and stereotypes and to listen—really listen—to immigrant families and what they can teach us."
—Debra Dean Murphy, PhD, Assistant Professor of Religion, West Virginia Wesleyan College; Author, *Teaching That Transforms: Worship as the Heart of Christian Education*

"I read Dr. Elizabeth Conde-Frazier's *Listen to the Children* with growing excitement. Dr. Frazier speaks to the issue of immigration brilliantly through the eyes of children. Her insights help to frame the most critical issue of our time because these immigrant children

will determine our future as a nation. *Listen to the Children* should be required for educators, pastors, legislators, and business leaders. This book is a must-read for every American who cares about the future of our nation."

—Rev. Stan Perea, Executive Director,
Asociacion para la Educacion Teologica Hispana
(Hispanic Theological Education Association)

"This poignant, practical, and pastoral guide to 'listen to the children' of immigrant families provides excellent real-world examples of the lives of children and their parents facing the struggles and opportunities of 'the American dream.' The section on raids and their effect on children is chilling—a must-read for all! Parents and caregivers, including clergy leaders, will find guidance and insight in this timely volume. Would that immigration officials would read it as well!"

—Efrain Agosto, PhD, Academic Dean and
Professor of New Testament, Hartford Seminary

"This is one of the most important books I've read in a long time.... Elizabeth Conde-Frazier's book puts faces and voices to the children who live in the midst of these [immigration] challenges. She has listened carefully and with deep respect, and she provides crucial practical advice for families struggling with the impact of immigration—as well as for all the rest of us who want to be truly present to them.... This book will give you concrete and welcoming ways to do so.... Please read this volume—and then share it widely!"

—Mary E. Hess, PhD, President,
Religious Education Association; Associate Professor of
Educational Leadership, Luther Seminary

JUDSON PRESS
PUBLISHERS SINCE 1824

Listen
to the
Children

Conversations
with Immigrant
Families

ELIZABETH
CONDE-FRAZIER

Foreword by Luís Cortes

JUDSON PRESS
PUBLISHERS SINCE 1824
VALLEY FORGE, PA

Listen to the Children:
Conversations with Immigrant Families

© 2011 by Judson Press, Valley Forge, PA 19482-0851
All rights reserved.

No part of this publication may be reproduced, stored in a retrieval system, or transmitted in any form or by any means, electronic, mechanical, photocopying, recording, or otherwise, without the prior permission of the copyright owner, except for brief quotations included in a review of the book.

Judson Press has made every effort to trace the ownership of all quotes. In the event of a question arising from the use of a quote, we regret any error made and will be pleased to make the necessary correction in future printings and editions of this book.

Bible quotations in this volume are translated by the author from the BIBLIA DIOS HABLA HOY, 3RD EDITION Copyright © Sociedades Bíblicas Unidas, 1996. Used by permission.

Interior and cover design by Wendy Ronga at Hampton Design Group
www.hamptondesigngroup.com.

Library of Congress Cataloging-in-Publication Data
Conde-Frazier, Elizabeth.
Listen to the children: conversations with immigrant families/Elizabeth Conde-Frazier; foreword by Luis Cortes, Jr. — 1st ed.
p. cm.
ISBN 978-0-8170-1661-6 (pbk.: alk. paper) 1. Emigration and immigration—Psychological aspects. 2. Emigration and immigration—Social aspects. 3. Immigrant children—Psychology. 4. Families—Psychological aspects. I. Title.
JV6013.C65 2010
305.9'06912--dc22   2010042563

Printed in the U.S.A.
First Edition, 2011.

Contents

Foreword

For people of faith in the United States, the current debates around immigration present a challenge. Twelve million people live in our nation without documents, without permission to reside within our borders. Although often called "illegal aliens," the great majority are here working legitimate jobs and pursuing what our nation has promised immigrants since its beginning—the invitation to come and the assurance of welcome and refuge.

The issues surrounding immigration are varied and complex, and the emotions they evoke are strong. Neither the author nor I shall attempt to tackle those larger issues here. Instead, I invite you to visit www.esperanza.us and under "What We Do," click on the link for "Immigration: Esperanza for America" to explore a deeper dialogue and learn what you can do to bring about change for the good of all involved.

Listen to the Children: Conversations with Immigrant Families explores vital questions rarely raised in political or religious arenas. As the title suggests, those questions involve the children: 3 million children who are born U.S. citizens but whose parents are undocumented; the estimated 2 million children who are themselves undocumented immigrants, and the millions of children whose immigrant families attained legal status—all told, more than 18 million children.

Author Elizabeth Conde-Frazier, dean of Esperanza College of Eastern University, in Philadelphia, Pennsylvania, has been ministering to our Hispanic community since she was a teen. She is intimately familiar with the trauma of transition that immigration brings, for parents and children alike. With a pastoral spirit and

compassionate heart, she encourages readers to forego the abstract arguments and dehumanizing debates that too often characterize the immigration discussion and invites us all into a conversation, not just with one another but with those who are most vulnerable and least empowered—the children of immigrant families.

How should a parent who plans to immigrate alone communicate that decision to children who will be left behind? What factors motivate such a decision? How does a child's age affect the conversation, and what can absent parents do to maintain relationships? What factors should go into choosing a caregiver for the indeterminate absence? And when parents and children are reunited, what challenges might they expect when becoming a family again in a new culture?

Academic troubles, culture shock, language barriers, role reversals, conflicting values, and the need for secrecy—each crisis is a challenge in itself and each adds to the trauma and stress of the transition. Dr. Conde-Frazier explores these questions and more from the perspectives of both parent and child, and she responds with creative and practical strategies.

Clergy, teachers, and social workers will benefit from the insights Dr. Conde-Frazier provides into the immigrant family's experience and psycho-emotional condition. Immigrant adults, caregivers, and compassionate neighbors will be encouraged and empowered by Elizabeth's wise counsel and empathetic spirit. For anyone with a desire to embrace the biblical mandates to care for the strangers in our midst, to let the children come, and to love our neighbors as we love ourselves, *Listen to the Children* is a warmly inviting, powerfully compassionate, and essentially practical resource for taking action.

So why not listen to the children and respond to their needs? Why not accept Elizabeth's prophetic invitation to help transform the lives of these 18 million souls? Jesus called his first disciples to care for "the least of these" (see Matthew 25:34-40). Let's go and do likewise!

—Rev. Luis Cortes Jr.
President, Esperanza

Children in Immigrant Families

*"Because of the oppression of the weak and the groaning
of the needy, I shall now arise, says the LORD. I
will protect them from those who malign them."*
Psalm 12:5

The Brookings Institution and the Woodrow Wilson School of Public and International Affairs brought together a panel of experts who noted that "one of every five children in the United States today lives in an immigrant family. The majority of these children will become lifetime residents of the U.S., and their presence will affect the basic institutions of society. They will face a variety of challenges that children of most native parents do not face, including adapting to cultural norms that differ from those of their parents, and learning a new language that may not be spoken at home."[1] Nearly half of all immigrant families live in households where the average income is 200 percent below the poverty level, in contrast with just 34 percent U.S.-born households.[2] Compared to children born in the United States, children of immigrant families are twice as likely not to have medical insurance and four times more likely to live in overcrowded circumstances.

While immigrant families experience greater poverty, they do not receive public assistance, including Medicaid. Changes in the 1996 federal law on public assistance made non-residents ineligible for temporary public assistance (TANF), Medicaid, and food stamps. While these restrictions do not exclude U.S.-born children

of immigrant parents (because those children have citizens' rights), the restrictions exclude the rest of the family from participation in these programs. But even U.S.-born children of immigrant parents may not participate in government-funded childcare centers that help prepare other impoverished children for scholastic success.[3] Immigrants of Mexico, Asia, Central America, and the Caribbean tend to have lower educational attainment, speak little English, and their opportunities for work are poor. The fact that their parents are undocumented may subject the children to greater difficulties than those experienced by children in other families.

Throughout the book I speak of children of immigrant parents. Research by the Urban Institute estimates their numbers at 16.5 million, with 1.8 million children who are other-documented. Because data on other-documented persons is not precise but estimated, I speak of children of parents who may be documented or not, and of children who themselves may be citizens or not as children of immigrant parents. In one same family the legal status of parents may be mixed, as may be the status of siblings. For this reason I speak of all of these inclusively unless otherwise specified. When one parent is an immigrant, the family is affected by the issues related to immigration.[4]

Ironically perhaps, only 16 percent of immigrant children come from broken homes, and they are healthier upon birth than children born in the United States. Moreover, immigrant parents generally come to the U.S. with a great desire to work hard, and they expect the same from their children. Typically these families instill in their children a strong sense of obligation to family, ethnic pride, and the importance of education. Therefore, children of immigrant parents tend to do better in school than children of native parents, although, by the time they get to high school, many of these high achievers become disillusioned with academics, especially if they have no opportunities for pursuing higher education. They become negative toward their teachers and about scholastic goals.[5]

Because immigrant families often establish themselves in proximity to proximity to persons from their own countries, their children experience a cohesive and culturally consonant community that can help them weather the negative effects of a dominant society. Informal networks among those who immigrate give information to newcomers about places to live on the other side of the border. At the same time, this positive factor can also keep them from learning English. Twenty-six percent of immigrant children live in linguistically isolated homes, where no one over age 14 can speak English well. English is not needed in these communities where stores, restaurants, and other services are provided by immigrants who speak the same language.

Why Do People Migrate?

Parents often emigrate from their countries as a way of supporting their families, as part of what sociologists refer to as the *global economy of care*.[6] When political and economic inequities in their home countries inhibit the parents' access to work, the resulting hardship will influence the decision for one or more family members to immigrate to the United States. This only makes sense! When a family does not have access to the necessary resources to provide a future for the children, they migrate in search of higher salaries and better employment opportunities beyond their own borders. For some parents, that may mean a longer commute to a different town; for others, it means leaving home, nation, and perhaps even vulnerable family members behind.

The vacillating global economy, political upheaval, environmental crises, and community transitions—all these are factors beyond an individual's control, but which still have, significant impact on the decision to immigrate. As multinational corporations relocate in search of a cheaper labor force, working for lower wages becomes the only basis of competition in the global economy. Yet,

these jobs often pay such low wages that many families cannot survive. This pushes these families to send at least one family member out of the country to seek income that will sustain the family.

The Children's Needs

The financial challenges and benefits aside, the homes that migrant laborers are working to support often suffer from the lack of care and love for the children because no one is home to provide consistent care. When children suffer this kind of neglect, behavioral problems often emerge. In the absence of one or both parents, shared values erode, emotional bonds deteriorate, and parental authority is affected. Some parents will attempt to bolster the emotional bond at the expense of their authority by catering to the whims of the children; others will sacrifice the bond for the sake of enforcing a strict but distant authority. This also has adverse effects when children are reunited with parents in the United States. Even when a family is able to emigrate together, parents are typically forced to work for salaries so low that they must have several jobs, limiting their availability in the home and depleting the energy necessary for the care and upbringing of children. This places their children at risk.

Because immigrant families spend more time apart than together, parents do not see their children grow up. Shared moments occur only sporadically, especially for those who are separated. Stronger immigration laws and restrictions concerning work visas have made it impossible for parents to visit their children legally, and those who *can* return to be with their children only do so temporarily before they must leave again.

Such separation interrupts the intimacy and the bonding that fashion the daily routines of care, cooperation, problem solving, and even conflict. The interruptions redefine the roles that family members play, forcing changes and circumstances that may appear

dysfunctional in the eyes of their community, the church, and social services. However, when parents discuss these changes openly with the children, the long-term adjustment of the family contributes to the resilience of the family bond.

Those working with immigrant families and children need to understand these factors as root causes of family dynamics in the United States when the children are reunified with parents.

Traditionally psychologists have identified four basic categories of human needs: physical, social, cognitive, and emotional. Recently a new dimension, the spiritual, has been added to these four because of how it contributes to the resiliency of children and their families. Recognition of the spiritual dimension creates opportunities for religious communities to enrich the experiences of children and their families during times of crisis. Gloria Rodriguez explains that this dimension is woven into the fabric of Latino/a culture.[7] Faith and spirituality shape our customs and become powerful forces that reinforce the minds, hearts, and self-esteem of children, nurturing them as persons who have something special to offer society.

NOTES

1. In Focus: An In-depth Analysis of Emerging Issues in Health in Schools, p. 1. http://www.healthinschools.org/News-Room/InFocus/2005/Issue-1.aspx. Accessed January 2008.

2. Ibid.

3. Ibid.

4. For basic facts on children of immigrants see Urban Institute at urban.org.

5. Among Latino immigrant children there is the lowest preschool attendance rate and the highest high-school dropout rates. This leads to the lowest college attendance rates among all racial and ethnic groups. Undocumented children are not eligible for federal assistance to study. See http://www.urban.org/url.cfm?ID=901366&renderforprint=1.

6. For further reading see Rhacel Salazar Parreñas, *Children of Global Migration: Transnational Families and Gendered Woes* (Stanford, CA: Stanford University Press, 2005).

7. See Gloria Rodriguez, *Raising Nuestros Niños: Bringing up Latino Children in a Bicultural World* (New York: Simon & Schuster, 1999).

CHAPTER ONE

Deciding to Leave—
and Telling the Children

*The Lord bless you and keep you. The Lord look upon you
with favor and extend to you His love.*
Numbers 6:24-25

The decision to immigrate is a difficult one. No one makes it sud-
denly, but as a process. A series of events transpires that create a
sense of crisis. The family seeks alternatives and considers any and
every means to patch up their lives, but things continue to get
worse. The parents are left with the one choice they never wanted
to make: to uproot family and home in search of a better future
elsewhere. Often, a family will decide that one parent should immigrate to the United States in search of work that can better provide
for the family. While the family will be separated for a time, their
hope is that they will one day be reunited.

How can the parents communicate the decision to the children?
How will they take leave of their loved ones who are being left
behind? Perhaps no leave-taking is as painful as a parent saying
farewell to a child.

This chapter will introduce you to different families.[1] After
months of struggling, the father, Antonio, has arrived at the
conclusion that migration to the United States is the only
option. He will leave behind his wife, Nydia and three children,
Emilio, age 9, Anita, age 7, and the baby, Ivana, age 5. He com-
forts himself by telling his wife that his father, Salvador and

LISTEN TO THE CHILDREN

brother, Joaquin, will keep an eye on the family and help out with the children.

When a Father Migrates

Antonio: Even with me working three jobs, we can no longer survive on the wages I earn. My brother suggested I go north to the United States. I do not want to leave, but that seems to be the only option.

Nydia: What will happen with the children? I have seen how difficult it is for our neighbor Ramona. Her son is 13, and his father has been gone for six years! I don't want our children to grow up without a father!

Antonio: Don't you think I have thought about this? I'll be back before Emilio turns 12. I can—

Nydia: (interrupting) But by the time you return, your relationship with Emilio will not be the same—

Antonio: Well, then, tell me what you want me to do to provide for this family. The government is not helping, and with my wages, you cannot even buy a gallon of milk! No, I will begin to make arrangements to leave. My father will help you, and I will ask my brother, Joaquin, to begin teaching Emilio his responsibilities. The two girls are yours.

Nydia: (crying) How will we tell the children?

Antonio: We won't tell them until the night before I leave. This way it is less sadness for all of us.

Processing the Decision

The family feels the father's migration is their only option. The parents discuss the children's care and their relationship with the father, but the children are not part of the conversation or decision-making process. They will be told the evening before the father leaves, which gives them little time to get used to the idea or express their feelings.

While the parents do not want to prolong the children's anxiety, it might have been better to acknowledge the painful feelings of children and adults alike, and express love for one another, and by letting the children know what to expect. Together they can talk about how they will stay in touch, and can help the children understand the father's silence when he is not able to contact them. They can discuss the ways other family members will support Mama and the children—both emotionally and materially. The family can also share their hopes for his return.

Clearly, immigration will disrupt the family, and adjustments will be needed. Talking about the situation together is a way of preparing for the changes. Parents may need to talk through the issues first and then explore strategies for telling the children, but then the children must be told.

Telling the Children

Nydia: You know that Papi and I love you all very much. Whatever we do is because we love you.

Antonio: Sometimes to show our love we must do things that are difficult for all of us. I say this because I need to go to the United States to find work. You know I work three jobs here, but this is not enough to pay for what we need—food to eat and books for school. So, I am going away to work, but only because I love you so much!

Anita: Papi, I want to go with you! I will be afraid if you go away.

Antonio: Mama will be with you, and she will take good care of you. (Nydia holds Anita and Ivana as they begin to cry. Antonio strokes their hair and looks at Emilio with love.)

Emilio: Will you be away a very long time? Will I be able to see you on my birthday or at Christmas? Will we be able to talk on the phone? My friend Arcadio speaks to his father on the phone sometimes.

Antonio: (places Emilio on his lap) Emilio, right now I don't know the answer to those questions, because I'm not sure what work I will find. I know it is very difficult to go back and forth across the border right now, so I will probably need to stay for a while. But I will miss you a great deal, and I will call every chance I get. So, write down the things you want to tell me so you'll be ready when I call. You can help Anita and Ivana make a list, too!

(Although still visibly sad, Emilio seems satisfied with his new job. Ivana kisses her father and holds him tightly, as if to keep him from leaving.)

Nydia: Ivana, I know you will miss Papito a great deal. But he will remember your hugs and kisses, and they will make him strong at work. While he is away, you can kiss his picture, and he will take our pictures and kiss us the same way. We will keep our love for each other strong!

Processing the Emotions

In this dialogue the children show their emotions and are assured of their parents' love for them. The family has begun to establish rituals that will help them remember each other and maintain their emotional connections while Papi is away. Rituals such as making phone lists and kissing pictures will become important points of contact between the absent parent and the children.

This is just one of several conversations the family will need to have before the father departs. The children will find different ways to share how they feel about the impending departure. Notice that the youngest child, Ivana, is not very verbal, but she expresses her desire for closeness and reassurance by embracing her father. The mother gives words to what Ivana expresses with her actions.

Because young children cannot always express their thoughts and feelings in words, adults wrongly assume the children are too young to understand. Young children may not understand the full

details, but they do understand separation, and they do grieve. While young children cannot *define* their emotions, they manifest their emotions. Their actions must be understood as *words*. The most important thing for Ivana is to be reassured continuously of her father's love before he leaves. He will need to find frequent opportunities to spend time with his children and to express his love for them. He will need to allow the children to be with him as they all say good-bye.

As soon as the parents are sure the departure will happen, they should tell the children. It will take time to rehearse the conversations reassuring the children each time of the love. Honesty is important—about what is known (father is leaving; he loves us) as well as what is unknown (length of absence, date of return). Lies will be exposed, creating fractures of distrust in the bond between parents and children. When children are not given enough information, they will fill in the gaps with their own explanations. It's especially important to explain why a parent is leaving; otherwise, children may believe they are the reason for the departure. This creates feelings of guilt that may turn to anger when the family is reunited.

Communication

Many unpredictable variables may prevent parents from clearly defining the terms of the separation—its duration, the plan for reunification, the strategies for maintaining relationship. The situation will evolve over time, and the caretaker with primary responsibility for the children should update the children regularly on changes in the life of the absent or departing parent. These conversations will resemble an ongoing story, one that is always "to be continued." As events unfold and variables change, the parents or other caregiver will need to narrate those changes to the children. Any explanations should bring the issues as close as possible to points of resolution, remembering that these conversations will

become a part of the children's personal histories and will influence how they perceive themselves in relationships with others.

In the next conversation, we will meet Rosie, a single mother of two children. Rosie's sister, Mina, who immigrated to the United States 2 years ago, has convinced Rosie to come to the United States to find work. They will be able to share the costs of living, and Mina promises to help Rosie find work. Rosie has chosen to leave her sons (Edgar, age 11, and José, age 7) in the care of Ernestina, her cousin and neighbor, who has one child of her own. Rosie's brother, Carlos, is just 17, but he has promised to spend time with her sons every other weekend. Rosie knows it will break her heart to tell the children she is leaving. She wanted to leave in the middle of the night and have Ernestina tell them she'd gone to care for her sick mother in another city. Ernestina has refused to lie to the children. With no other option, Rosie agrees to speak to her sons herself.

When a Single Mother Immigrates

Rosie: Edgar and José, I have to go to the United States to work. You're going to stay with Ernestina, and she will take good care of you. I will send money for her to buy you bicycles, and Tio Carlos has promised to teach you to ride them. Wouldn't you like that, hmm? Riding your bikes around the barrio?

Edgar: I would like a bike, but not if you have to leave!

José: Why do you have to leave? What did we do, Mami? I will behave better, I promise!

Rosie: No, no, you have done nothing wrong, my love. You don't understand. The money I get from sewing clothes here is not enough. I don't want you to live this way.

Edgar: Do you think we want bikes and toys more than we want our own mother?

Rosie: I know you love me more than any gift. But, Edgar, my sewing money is not even enough to pay the rent on this apart-

ment. Soon they will evict us, and I don't want us to live in the shantytown with a leaky roof over our heads. I cannot even pay for you to go to school!

Edgar: (desperate, his grief makes him angry) I will get a job to pay for school then! I don't want you to leave like our father did!

Rosie: (starting to cry) Please, do not make this more difficult for me than it already is.

Processing the Emotions

Rosie has decided to speak with the children, but she isn't prepared for how her sons will react to the news. She thought the promise of bicycles would soften the blow of her departure. Without intending to do so, she has suggested that the boys would gladly exchange her presence for an expensive present. Perhaps Rosie is in denial about how important she is to her children—if they don't mind her departure so much, she might find it easier to leave them. In reality, both boys desperately seek to do whatever they believe will keep their mother at home—José with better behavior, and Edgar with an after-school job. These strategies show their insecurity about Rosie's departure.

Another issue revealed in Edgar's response is the father's previous abandonment. Rosie's departure touches that wound and generates fear that she, too, will abandon them. José, the younger boy, already thinks he's done something wrong to drive his mother away. The leftover anger Edgar feels about his father's departure will easily shift to his mother if she also leaves. Over time, this anger will become resentment and may fracture the parent-child relationship irreparably.

However, Edgar is able to understand the financial concern and offers to seek a job himself. This is not uncommon in many of the countries from which Hispanic immigrants have come. It feels natural to Edgar that he should pose such an option to his mother.

How could Rosie have helped her boys better understand her choice to leave? Because of the four-year age difference between the boys, it

might have been more effective to have a separate and age-appropriate conversation with each son. At different levels of maturity, the boys will process the event differently and have different emotional needs.

For instance, Edgar is old enough to recognize their financial troubles and want to help; he may also be old enough to remember the trauma of losing his father—and this separation from his mother may resurrect feelings of grief, anger, and fear. Rosie can address each of these needs honestly and seriously: acknowledging his awareness of their poverty, charging him with excelling in school so that he can provide for the family when he is older, and giving him practical details about her absence and their care, as well as emotional reassurance about her love for him and her intent to return as soon as possible.

With seven-year-old José, Rosie might use touch more than talk to communicate her love and assurance. Cuddling, tickling, rough-housing, and hugs are often effective in establishing a connection and offering comfort. Younger children typically lack the words to express their feelings, but Rosie can give José those words by expressing her own emotions—that she loves him, feels sad to leave, and will miss him until they can be together again. Humor and teasing may help ease the young child's anxieties by addressing real concerns in a hopeful way. At the same time, José will need to know where his mother is going, who will take care of him, and how the family communicate during the separation—and those details must be consistent with what Rosie tells Edgar, because the children will talk later and be reassured to discover that she has been honest with them.

The Role of the Caregiver

How did Rosie choose Ernestina as a caregiver? What does one need to consider? Is it important that they be part of the family or that they be in the same community so as to keep the children within their routine? The existing relationship and familiarity with the

children is important so that the children do not feel they are being left with a stranger. Part of keeping the children's lives in tact involves maintaining the same values and similar life experiences. This will also ensure that when reunification takes place, the children will not be strangers to their parent. As parents we realize that no one person or couple can fulfill all that children need so Rosie has sought to supplement Ernestina's role with her brother so the boys will have a male role model and companion. Lastly the energy levels and health of the caregiver is also considered.

Ernestina's role as caregiver will be very important while Rosie is gone. Ernestina will need to maintain an everyday routine that's as close as possible to what the boys knew. She will need to get to know the children individually, and she should strive to disrupt their lives as little as possible, especially in the beginning. The boys will each undergo an adjustment period, and Ernestina should be prepared to allow them to express their feelings, even anger.

The caregiver should reinforce the truth about the parent's absence and maintain a loving environment of consistency, care, and kindness. When the absent parent sends money, the caregiver can help children connect that provision with the parent's sacrifice and love. Ideally, children will internalize the caretaker's speaking about the parent's love as that parent's own voice.

At times a child cannot connect with the caretaker, yet their relationship can still be a respectful one. Respect places parameters around strong emotions. It helps create and maintain healthy patterns and routines for relating. Eventually it is respect that will become the ties that hold the family together through difficult relational terrain, both in the present and the future. However, if keeping emotional distance from the caregiver is a child's chosen way of coping with the parent's absence, such distance may become a pattern in future relationships, making intimacy in significant relationships difficult. Counseling may be required in adolescence or adulthood to help recognize and resolve such relational issues.

What about Secrets and Stories?

Some families choose to keep secret the real reason for a parent's absence. The children are told other versions of the situation. Families that are unprepared to deal with the disruptions of immigrating will often rush to protect the children through secrets (not talking about it) and storytelling (not telling the truth). Unfortunately, such misinformation and half-truths create confusion for children and may lead to a chronic distrust of adults. Even if adults seek to remedy the situation by consistent honesty thereafter, children may still react with an initial distrust of anything an adult says. In such cases, the goal is to cultivate slowly a new pattern of trusting as a second response.

Is secrecy ever truly needed to protect the child? Yes. When families come from civil war conditions, it may be too dangerous to reveal the truth to children—as well as to neighbors, church leaders, and even other kin. Secrecy may protect the family left behind from persecution or discrimination. In these cases families must decide what is the safest story for all to agree on with the least stress for the children.

Children can understand when one or both parents need to leave in order to free the family from poverty or war. They see it as a sacrifice to offer the family a better future, and this sacrifice justifies the parent's decision to leave. Caretakers, friends, neighbors, pastors, and even schoolteachers can reinforce this understanding of the parent's motives. When those around the children affirm the motive as acceptable, then the children are less likely to feel rejected or abandoned.

It is worth noting that when a parent's leaving is in response to a common problem such as poverty, the family may unify around the departure. On the other hand, when the reason involves internal family conflict such as spousal abuse, the family becomes divided, making it more difficult for the children. The children may feel the need to take sides. Or, if the conflict has been concealed from

the children, they may feel resentment toward the absent parent because they don't understand the reasons for separation.

Getting Ready to Leave

Except in circumstances where honesty puts the family at risk, parents should always communicate truthfully with the children. Remember, false assurances and half-truths are cruel and confusing to children; therefore, both parents and caretakers should make only promises they can keep. This will create an image of dependability. Parents should find ways to spend significant time with each child before departure, seizing every opportunity to communicate their love, commitment, and intention of reunifying the family as soon as possible.

Cultural norms will influence how children understand and adjust to separation from their parents. In a culture where family largely determines one's place in the community, children whose parents are absent may experience a sense of separation from their peers, particularly if other children ridicule and stigmatize them. Again, the role of the caregiver becomes critical; he or she must be sensitive to such dynamics by staying in communication with the children and the community. The caregiver may seek the support of pastors or teachers in supporting the isolated children with extra attention and compassion.

NOTE
1. Throughout this volume, the immigrant conversations and stories are adapted from real and all too common experiences. However, fictional names and details have been used to render the families and their experiences more universal to immigrants around the country. For this reason also, no countries of origin are specified.

Reuniting with Children
in a New Land

Many waters cannot quench love;
Rivers cannot wash it away.
Song of Songs 8:7

In the first chapter, we looked at two families as a parent pre-pared to depart in search of work in the United States, leaving children behind with a spouse or trusted caregiver. For both fam-ilies, the goal was the eventual reunification of parents and chil-dren. But reunification brings its own challenges, particularly if the separation has been a lengthy one. Consider the story of the Hernandez family.

Olivia and Victor Hernandez had come to the United States five years ago, leaving their three children with Olivia's parents, Irene and Pedro. Olivia and Victor had worked hard to provide for the children back home, Luis, Isabela, and Alicia, now aged 8, 10, and 13. They now had the means to rent an apartment large enough for the family of five, and they carefully planned the best time and method to reunite the family in the United States. Each evening as Olivia and Victor lay in bed, they talked, ravel-ing and unraveling their plans until they felt satisfied with the arrangements.

With great excitement, they called Olivia's parents to talk over the plan for bringing the children to the States.

Parents and Caregivers Planning Together

Olivia: Mama, the apartment is ready! We're ready to bring the children here to live with us!

Irene: Olivia, slow down. You will have to be very careful. The children feel safe here; they know our town and our neighbors. They are doing well in school. You will be moving them to a totally unfamiliar place. It will be scary for them.

Olivia: But they will be with us, their parents. We will be a complete family again! What else do we need to make them happy?

Irene: And they will be so excited—they have missed you so much! But they have a life here, and it is the only life they know. They won't even know how to speak the language there!

Olivia: They will have a better life here, with us! You don't know how hard we have worked, what we have been through to bring them here. I know it will be scary at first, but we will help them. If our old brains can learn English, their young brains will learn even faster!

Irene: Yes, but it will take longer than you think. You and Victor work long hours, so who will help with homework after school? I have taught Alicia to cook, so she can help by making dinner. But it will be a new responsibility to do it alone every day. Olivia, I just want you to know how difficult it will be for them.

Olivia: getting defensive) Mama, por favor, are you saying I do not know how to be their mother? I may not have had them with me for five years, but I have not forgotten that!

Victor: (taking the phone in order to lighten the conversation) Hola, Mama Irene! We are so excited to have our children back with us. May I speak with Don Pedro, por favor? I want to ask him about the farm.

Pedro: (after a few minutes of small talk) Victor, listen, mothers get emotional about their children, but talk to Olivia and help her understand what we are trying to say.

Victor: Tell me yourself so I can explain it to her.

Pedro: The children have friends here and a life that is familiar. You will be taking them into a new world, leaving everything they know and love behind.

Victor: They know us! They love us!

Pedro: Sí, sí. But remember that Luisito was only three when you left. He has few memories of you, and even for the older children, you and Olivia will be almost like strangers. Do not worry. We will prepare the children for the journey and for what they might expect. Just remember that this will be difficult and scary, especially for the little one.

Victor: Sure, sure, ok. (heart pounding, hangs up phone)

Processing the Conversation

Olivia and Victor have worked hard, and they think they've planned for everything. They have secured jobs with sustainable wages, a good home, even a good school. They have made arrangements to safely transport their children across the border. And they are so excited and impatient to reunite their family! But they may not have given enough attention to the emotional impact of the move on their children. They need to think through what will happen *after* reunification occurs. How will the children respond and adjust to these changes? What will the parent-child relationships be like after five years of separation?

The consistent caregiver will play a key role in helping children prepare emotionally and psychologically for the time of reunification. Just as the parent did before migrating, now the caregiver will have the task of communicating clearly and honestly with each child, preparing each one for the transition. This includes providing details about the date of departure and what can be packed versus what must be left behind. The caregiver must also provide time for the children to say special good-byes to the people and places that mean the most, including the caregiver.

Conversations between the caregiver and children should recall memories about their parents and explore how both the children themselves and their parents have changed. The caregiver will need to remind the children of their parents' love for them and reinforce the respect the children should have for their parents' sacrifice and renewed authority.

Upon reunification the relationship between parents and children is fragile. It cannot immediately be a typical parent-child relationship, because for a long time they have not shared the routines that bond them as parents and children. Resuming these routines will help create the trust necessary as they come together once again.

Children do not simply arrive in a new situation ready for such building of trust. They have been dislodged from a familiar environment and placed in an unknown setting that has many new challenges. They may harbor lingering confusion, anger, and distrust connected to their parents' original departure. In the early days of adjustment, they may simply be tolerating the parents. Parents will seek to establish rules that protect the children in a new and unknown environment. Children may interpret these rules as harsh or punitive, leading to feelings of anger compounded by grief over the loss of a familiar previous environment.

Children may express these complex feelings through rebellious behavior. It is tempting for parents to respond with frustration and demands for a show of appreciation for their own years of sacrifice. Rather than expressing these frustrations to the children, parents should talk through these concerns with adult peers, perhaps those who have been through a similar transition. In time, with patience and consistency in care, parents typically find that the rebelliousness will pass, giving way to a more stable routine in the way the children relate to them. Then trust can be established.

Emma's Story

Emma was nine when her mother immigrated to the United States, leaving Emma with her Tia Ruthie. A loving and caring woman, Ruthie lavished attention and affection on Emma in her mother's absence. For three years, Emma enjoyed not only her Tia's love but the money and gifts her mother sent, which allowed Emma to have things no other child in the barrio had. Tia Ruthie taught Emma to share generously with other children, but even Ruthie's own children thought Emma had become spoiled.

When Emma turned 12, her mother sent for her. Emma was at first excited to be reunited, but she soon discovered life with her mother was different than she'd remembered—and very different from life with Tia Ruthie. Mama worked long hours, and Emma had to cook and tidy the house before her mother got home. Emma was not allowed to leave their small apartment after school to play with friends as she did back home. In fact, Emma had no friends. The girls at school dressed in a way Tia Ruthie would say wasn't ladylike, and they made fun of Emma for being different.

When her mother came home, Emma rarely wanted to talk, so after dinner, Mama would send her to her room to do homework. If Emma had a question or finished early, she would find her mother sleeping on the sofa in front of the loud television. They did not communicate. Emma used to have long talks with Tia Ruthie while Tia cooked, did laundry, or watched the younger children, but Emma didn't know how to share with her mother. Mama wouldn't understand how homesick Emma was anyway. She just wanted her Tia!

Emma wrote many letters to Tia Ruthie and her friends, but her mother complained about the cost of so many stamps. Every day Emma became more isolated and depressed—and one day, her emotions exploded.

From Silence to Screams

Mama: The beans are missing something. You should add more seasoning next time.

Emma: (angry) Next time *you* cook then! I'm not your slave!

Mama: No, Mira, you are not my slave, but you are my daughter, and you will not speak to me with so much disrespect. I didn't work so hard to bring you here to have you treat me like this!

Emma: You brought me here to cook and clean for you. Tia Ruthie told me to respect you and be good because you love me. But she was wrong. She is the one who loves me! I want to go home to Tia.

Mama: This is your home! I am your mother, not Ruthie. You will stay here, and you will learn to respect me!

Emma: Why should I? You don't care about me! Even when you're home, you are complaining or sleeping or giving me chores! You don't care that I hate this apartment and that school where the girls make fun of me. I hate it here! Send me back!

Mama: You will never go back. Your Tia has spoiled you so much that you don't even appreciate how I sacrificed to give you the princess life you had with her! (slashing a hand through the air) No! I don't want to hear you speak of Tia again—not until you learn to love and respect me as your mother. You will go to school. You will help keep our house. And you will obey my rules because I am your mother—me, and not your Tia Ruthie! Now, clean up this dinner, and go do your homework. Now!

Processing the Anger

Both Emma and her mother are hurt, angry, and frustrated. They never guessed how hard it would be to become a family again. They don't know how to talk to each other, and when they do finally communicate, they do not say the most important things.

Emma didn't confess that she is sad, homesick and scared to be alone in a new country, in a new school, with no one to help her

figure out the culture, the language, or her new household responsibilities. Her mother didn't tell Emma about how she'd cried herself
to sleep every night for the first year of their separation because she
so missed home, friends, and Emma most of all. Emma didn't admit
she feels insecure and unloved because her mother seems too tired or
too indifferent to spend time with her. Her mother didn't explain that
they stay home because it is risky for Emma to be out on her own in
a strange city and because everything is so expensive in the States.

Emma's mother won't admit how hurt and jealous she is that Emma
has given her affection and loyalty to another woman. Nor can she
acknowledge her own guilt about leaving Emma in the first place.
Because of her own emotions, she can't hear Emma's pain and grief—
only the anger and disrespect. Instead of an honest and open conversation about the difficulties of their reunification, Emma and her mother have created more distance and hurt in their fragile relationship.

Things to Prepare For

Some things catch parents by surprise in the process of reunification. Their dreams and expectations have kept them going during
the hardship of the separation. In preparation for the arrival of
their children, they tend to the many details of material life: a place
to live, the school they will attend, the budget needed to support
them. But across time and distance, immigrant parents may have
no idea what feelings are hiding in their children's hearts—or even
in their own. The tensions of everyday living bring these out when
least expected.

Adults often overlook or underestimate the grief children experience, not only in separation from the parent but also in the subse-
quent separation from the caregiver when they leave a familiar
environment to come to a new land. This grief may be revealed in
general quietness, persistent moodiness, or overall disinterest in the
things around them. At first this passivity may seem normal—

attributed to tiredness or shyness, or perhaps even interpreted as obedience. Younger children in particular may become hypersensitive and cry over any small incident. Older children may exhibit anxiety and fear over engaging the new environment, feelings that may turn into anger. All these are signs of depression.

Emma's good behavior when she first arrived in the United States was a way to feel close to her Tia, by honoring the values Ruthie had instilled in her and imagining Tia's pleasure and pride in her. Emma may have felt guilty over the sacrifices her mother had made to give Emma a more comfortable life; however, Emma was hurting greatly in the adjustment period, and without her mother's comfort, the guilt was transformed into resentment.

Emma's mother was nursing her own guilt and pain. It isn't unusual for a parent to feel threatened by a child's attachment to a beloved caregiver. However, by forbidding mention of that caregiver, the child loses the most vital channel for processing the loss. Grief that is bottled up will generate depression and anxiety, probably adding tension to an already fragile relationship between the reunited parent and child.

Anxiety and distress make it difficult for children to organize their thoughts, and that can have effects far beyond the parent-child relationship. Few immigrant children can afford distraction and a loss of focus in school, especially in the first year or two of adjustment. Parents should be prepared to invest extra time and energy in supporting their children's education until time and adjustment help the children put scattered thoughts and feelings back in order.

What Can Parents Do?

■ **Establish new routines.** As mentioned earlier, the daily routines of life that demonstrate consistency, familiarity, and accountability help build the bond between parent and child. Children learn what is expected of them, and parents reestablish their own credibility and

faithfulness as caregivers. Physical interaction between parent and child is critically important, especially for younger children (age 10 or under). Whether it is tickling or cuddling, playing a nightly game of cards, or establishing a bedtime routine of a story and good night kisses, these moments of connection slowly foster bonds of love and trust.

■ **Make stories about the migrant journey a part of the routines.** Children need to know what the immigrant experience has been like for their parents. What was difficult? What was funny? What was scary or strange? What do they miss most about home? How did they live in the years the family was separated? Similarly, parents need to give children opportunities to tell their own stories— about life back home and about the concerns and challenges of their new life together.

■ **Get in the habit of talking about emotions.** Each family member will find comfort in knowing that others have felt scared, angry, sad, or confused, too. Parents can highlight shared or common experiences to emphasize a sense of empathy and compassion for what the children are going through, individually and together.

■ **Speak words of affirmation.** Parents and children alike need to be affirmed in their new roles and responsibilities. This affirmation changes the climate of the family and stimulates the desire to continue to work at the relationship even when conflict arises and circumstances are difficult. Parents who speak affirming words about their children's efforts are building a sense of competency in those young hearts and minds. Children need affirmation as much or more than they need correction, because it instills self-confidence and builds their trust in the person who affirms them. When someone appreciates and affirms them, children perceive that person is seeing them for who they are and who they are trying to become.

■ **Involve another listener in the conversation.** When communication breaks down, a pastor or priest, a teacher, or another immigrant parent who serves as a mentor can help facilitate dialogue between parents and children.

What Happens Next?

Remember that every member of the family is under stress in the reunification process. Families need the support of others as they learn to live together again. Churches, community centers, and schools can provide fun, affordable activities that bring parents together with their children. Such organizations can also provide a climate that facilitates the type of communication that can aid in building the relationship. Intentional communication makes all the difference between the child creating a new bond with the parent or remaining distant or rebellious.

Emma's story illustrates the differing expectations parents and children may have about how the relationship should unfold. Emma and her mother will certainly have more arguments and conflict until they sort out the terms of their new parent-child bond. How successful they are in doing so may depend on the influence of others.

Will a caregiver such as Tia Ruthie try to rush to Emma's rescue, undermining the parent-child reunion? Or will Ruthie use her influence to encourage Emma to keep working on her relationship with her mother, listening compassionately to Emma's own struggles but urging Emma to communicate the same hurts, fears, and frustrations with her own mother? Will the friends who listen to Emma's mother's complaints automatically affirm her position without consideration for Emma's feelings? Or will they help the mother see the adjustment through the child's eyes, encouraging her to build Emma's confidence by spending more time with her and praising even the girl's imperfect cooking?

Reunification is what most immigrant families dream of and work toward, but a successful transition requires that all members of the family and community prepare both materially and emotionally for the migration.

CHAPTER THREE

Making Adjustments
to a New Life

Be strong and courageous. Do not be afraid or terrified
because of them, for the Lord your God goes with
you, he will never leave you nor forsake you.
Deuteronomy 31:6

We have seen in the preceding stories and dialogues that migration is a stressful process. Individuals and families deal with stress in different ways. This chapter explores some of the ingredients that are most helpful to persons and families during this time of adjustment.

Resilience

Resilient people are able to respond to risk situations effectively and manage to function well during changes and turning points in their lives. Resilient people have a positive sense of themselves and believe in their own creativity and capacity to learn new things. They are the kind of people who say to themselves, "Sí se puede." This shows a sense of personal power instead of powerlessness. Problems may come, but resilient people have confidence they will find a solution or design a new plan. Such belief in one's own ability to exercise a degree of control over one's environment is contagious; it inspires confidence in others! That's how a resilient person creates positive interactions and networks, developing a group of people who have a cooperative spirit and a high level of emotional stability.

Immigrants must adjust to new rules and different social and cultural norms. This involves creating a new understanding and order of life—a new reality. This new reality shapes self-perceptions and relationships, affecting roles within the immigrant family and in the larger community. How will immigrants make sense of these changes and the adjustments they require?

A Positive Outlook

Taking a positive outlook involves viewing current changes as an extension of previous life experiences. This empowers immigrants to use old understandings to help create new ones, rather than feeling obliged to discard the past. A positive outlook declares, "We will give new expressions to our old values." For example, the husband who might once have been reluctant to have his wife work outside the home will choose to see his wife's decision to work as a way to continue the values of unity and cooperation. He will become more open to trying new tasks in his role as husband, and he will be flexible when his wife must do the same. The value that unites them is the desire to continue their lives together. In turn this becomes a model for the children, affirming change in a positive way and teaching them to be flexible and confident. We can see this in the following conversation between two parents and their son.

Trouble at School

Mother: How was school today, Jorge?

Jorge: Well, not great. I thought I was doing the right thing, but the teacher was angry with me. She spoke very quickly, and I couldn't understand everything she said. The boy next to me said I was supposed to follow the rules, but I didn't know what rules he was talking about.

Father: Did you ask what the rule was so that you could learn for next time, Hijo?

Jorge: Yes, after class I asked my teacher to explain, and now I understand. Next time I will do better.

Mother: Good. Nobody knows everything, and every day we learn something new. I am still learning at my job, too. The other day I made a big mistake, but I told my boss I could learn, and he gave me another chance. We are not quitters in this family!

Father: No, we are smart and willing to learn. In our country, you were always an excellent student, and here you are the same boy— still very smart! You are learning more slowly perhaps, but every day you know more. I am very proud of you, Jorge.

Processing the Experience

Jorge's parents wanted to be aware of how school was going for their son, and Jorge trusted them enough to be honest. When he shared his recent challenge in class, his mother was willing to talk about her own mistakes, and his father affirmed the family value of education, not just in school but also in life. By doing this, both parents illustrated for Jorge the type of attitude he needs to have. They all must press forward, try again, and be willing to admit mistakes and learn from them. The parents affirm Jorge's intelligence based on his past achievements, and they express confidence in the stability of that quality. In all these ways, they build their son's self-esteem.

Where a positive outlook toward change brings openness and creative cooperation, a negative outlook creates barriers and heightens stress. For example, if Jorge's parents possessed a negative perception of their own changed circumstances, they might have expressed defensiveness, anger, frustration, or disappointment, framing Jorge's experience as a failure or insurmountable obstacle instead of as an opportunity to learn and improve. A negative outlook causes people to resist, reject, and resent adjustments

that need to be made, clinging to the familiar past and perceiving the unfamiliar new as a threat to long-cherished values. In the face of such a perceived threat, individuals may become adamant about not allowing change in their lives.

Support for the Family

Clearly immigrant families need support in their new environment. Some coping resources must come from outside of themselves. Anyone coming into a new situation needs a certain level of orientation, an introduction to critical information such as:

- Where do I shop for groceries, clothes, and other necessities?
- Where can I find information about housing or employment?
- How do I register my children for school?
- Where and how can I access medical care?
- Where are the local opportunities for recreation for young children or teens?
- Where are the local churches or houses of faith where I can make a religious connection and find spiritual support?
- What resources might be available for translation and for learning English?
- Where can I learn about basic rights in my new country?

Immigrant families will also need guidance in understanding the norms and customs of a different culture. For example, someone might highlight the importance of meeting their child's teacher(s), a practice that demonstrates the parents' interest in ensuring the child's success in school. A guide might also explain how time is valued in the new environment—that a 9:00 appointment requires appearance at or before that hour, not sometime between 9:00 and 10:00 as in many other countries and cultures.

Such support may come from extended family or friends with a longer residence in the States, as well as from community centers,

faith communities, traditional healers, businesses and social clubs, and social service organizations. Many community organizations provide a place for people to meet and socialize with others who are going through comparable adjustments. It can be a comfort just to be in a place where other people speak your native language! These institutions may also able to help with crisis intervention, physical or emotional rehabilitation, childcare, advocacy, and tutoring. They can also provide connections with community leaders.

Education

Although education has been mentioned in a variety of contexts already, it is worth highlighting here as a vital ingredient in an immigrant family's successful adjustment to their new life. For that reason, education is central to the work of many of the support organizations described above.

Education can be obtained in formal and informal ways. Formal education may include classes on citizenship or English as a second language. Informal education may be a discussion at the church with community leaders on the rights of immigrants or how to bring up children in the new culture. It may be information found in handouts provided at the Home and School Association meeting, in the nutrition leaflet picked up at the pharmacy, or on the supermarket bulletin board where flyers promote community activities at the local park. Newspapers and radio stations are also good sources of educational information. Most major cities have these in the language of many immigrant communities.

Becoming part of a network of support creates convenient connections to various forms of education and information. Churches and other religious communities are among the best places to obtain many different forms of support at the same time, either directly or through the networks of support the church is related to. Persons who actively participate in the life of a faith commu-

nity tend to adjust in a more positive way, largely in part because of the social network found there. Congregations can become extended families to those who immigrate. Nothing is better for a positive outlook and for personal health than a network of good friends who want to share in the joys and the burdens of life.

Learning the Language

A new language can seem like an impenetrable wall, blocking an immigrant's access to information and creating a crisis of confidence, both vital ingredients in the adjustment process. I will look more closely at this issue in relation to children and their schooling in the next chapter, but the language barrier also affects adults. It may keep them from entering a particular line of work or hinder their understanding of their benefits and rights in the workplace. Overall, the wall of language can make both children and their parents feel less than competent in their new environment.

Language issues may create tension even within the family. Children go to school where they have intense contact with the new cultural setting, including constant exposure to the language. In contrast, parents may be in settings where they work with other people from the same ethnic group. They do not engage the new culture in the same way their children do. English as a Second Language (ESL) classes are a great resource for adults and children alike, but parents cannot always attend because of long or conflicting work hours. Adults may also have little energy and motivation for classes after a long workday. This usually means children learn the new language more quickly than their parents.

This difference in learning curves creates two challenges for immigrant families. First, it introduces a language barrier between parents and children at a time when they most need to communicate about the new culture and family values. Children may still speak the ethnic language at home, but their skills in the first language

typically begin to lag behind their skills in English. Often children begin to communicate by mixing the two languages, which means parents and children are no longer communicating the fullness of their thoughts and emotions. Children don't have the vocabulary in their parents' first language to do so, while the parents won't understand the words and nuances of the children's English.

In addition, the children's quicker mastery of English often means they serve as translators for the adults in their family in interactions with teachers, school administrators, medical providers, neighbors, and others in settings where translation services are not available. As unofficial translators, children sometimes find themselves in the midst of sensitive matters. This creates what is commonly called role reversal, where the child becomes the one speaking for the adult, often feeling required to protect, lead, or advise the parent.

Marta's Childhood Memories

"Wow, I remember being at the hospital with my mother when my brother had to have his appendix out," says Marta, reflecting on her experience as a 13-year-old. "My mother was very upset since we almost lost my brother, but she couldn't understand why the doctors wanted her to sign the papers necessary to carry out emergency surgery. I kept trying to explain it, and she wouldn't get it, so I finally had to yell at her and tell her to sign the papers or Armando would die. She signed the papers, but I knew she felt useless in the midst of the crisis."

"As a 13-year-old, I felt embarrassed in front of all the nurses because my mother took so long to understand things. Little by little it made me feel like I was nobody, too. Why did I have to belong to this family, to this group of people? I started to have this fantasy that I belonged to another family that understood English, and I could just be the child. I could even be spoiled if I wanted to. I still loved

my mother, and when I was older, I was able to feel differently about the whole thing. But at the time, I just didn't want to feel responsible all the time. I didn't want to see nurses or teachers or cashiers or anybody else looking at us like we were stupid. It hurt me too much. I wanted to be far away from that reality, from that hurt."

"Since I was responsible for so much information and for making sure everything went smoothly, I felt I had the right to make other decisions on my own. I would not listen to my mother's authority about things like dating or school, my friendships or my future. I figured, 'What could she tell me if she doesn't even understand what's going on in this place?' I was wrong, but I found out too late when I had already made some unwise choices. This whole language thing turned around our relationship and the authority she had."

The Reversal of Roles

We can see how the roles of parent and child become reversed when Marta must translate for her mother. This responsibility burdened Marta and made her vulnerable to discrimination in her environment. The reversal also seemed to affect the mother's morale, inhibiting her exercise of parental authority in Marta's life.

Other parents respond differently to the lack of authority they feel in the lives of their children. These parents may try to assert their authority by becoming authoritarian in their disciplinary role. An authoritarian parent establishes an environment where children don't have opportunities to develop their own sense of judgment. The parent makes all decisions. Children are required always to comply with the parents' rules or choices, instead of learning to evaluate options as part of the decision-making process. Implicit in this style of parenting is a distrust of the child's ability to make good choices. Too often, the result is a child who only follows others, which becomes a problem in adolescence when peers become more important than parents.

Effective parental authority is best established when trust exists in the relationship between a child and parent. This trust is the first step toward respect. Parents earn their children's respect as they make capable decisions on behalf of the children, and that respect is reinforced as the parent explains those decisions to the children in age-appropriate ways. This process models for the children how decisions are made. These types of parent-child interactions strengthen the trust and deepen the respect out of which authority is maintained.

Authority based on such open communication will nurture the parent-child relationship. The depth of the conversation and the child's level of participation in the decision-making will change as the child grows older. With very young children, parents make nearly all decisions, and minimal explanation is required. Yet even children as young as 2 or 3 years old begin to assert their preferences for one option over another, however, and parents may begin offering simple choices. Those choices and the reflection behind deciding on one versus another become increasingly complex as the child matures into adolescence. This more interactive style of

---

5 Questions for Children

Parents may use five key questions to help children reflect on their actions and nurture their own internal voice of accountability. This allows parents to exercise healthy authority, while nurturing the self-discipline the child will need in adolescence in creating a moral inner life. These questions may be adapted for children as young as 6 years old.

1. What are you doing?
2. What should you be doing?
3. What will you do now?
4. When will you do it?
5. What happens if you break our agreement about this?

parenting is difficult for many immigrant parents because it is so different from the strict, obey-or-be-spanked model that has prevailed in previous generations and in other cultures. However, not only does this conversation-centered model of parenting benefit the children as they mature, but it also avoids any conflict with social or legal constraints that define the bounds of acceptable discipline in the United States.

Restoring the Parent-Child Roles

Easy answers are not to be found amid the harsh realities that give rise to parent-child role reversals. However, there are ways to deal with specific situations differently and resources that may help immigrant parents avoid such situations in the first place.

■ **Translation services.** Most public institutions, including hospitals and courts, provide translation services. Be sure to ask for these services in advance.

■ **Alternative resources.** If an institution does not provide translation, ask your personal support networks to help you find a bilingual adult to accompany you. Clergy are often open to doing this, or you may ask a trusted friend or family member.

■ **ESL classes.** Whenever possible, make it a priority to attend language classes. It is to your benefit socially as well as economically and psychologically. Your classmates will help provide accountability and encouragement, as well as a new network of support.

■ **Support.** Don't be too proud to ask for assistance. Let friends and family members know what your challenges are and how they can help. Solicit help with babysitting or children's homework so you can attend classes; confide your frustrations on the job; ask for advice about legal or medical concerns; request their prayers in navigating challenges. Responses to such requests can provide the support you need.

CHAPTER FOUR

Education and the Next Generation

Love the Lord your God with all your soul and
with all your Heart and with all your strength.
These commandments that I give you today are to be
upon your hearts. Impress them on your children.
Talk about them when you sit at home, and when you walk
along the road, when you lie down and when you get up.
Deuteronomy 6:5-7

Immigrant parents see education as a way for their children to advance in society. Education is a symbol of an immigrant family's success in a new land. One proud parent told me, "My son got an education and is now a professional. As long as this is the outcome of all his mother and I have suffered, then I know it has not been in vain." Youth tell me they are trying their best in school because it is a way to help their families. What about this aspect of children's lives should adults pay attention to? What role does school play in the lives of immigrant children?

Consistency and Stability

Because of the amount of time spent in the classroom, school creates a rhythm and routine in the life of any child—which is especially vital for an immigrant child whose existence has become characterized by upheaval and transition. Disrupting that routine upsets the inner sense of security children find in the routine's consistency.

For that reason, parents should avoid relocating during the school year. The interruption would only make the children's adjustment to a new environment more difficult than it already is. When relocation is necessary, try to time it during the summer months, or at least over a weeklong vacation such as the winter or spring break.

Timing is not the only factor to consider when introducing a transition in the children's educational environment. Because children will spend most of their time in school, it is a primary socializing agent in their lives. It helps them to adapt to life in a new social environment and equips them for living with others in the new society. At its best, school will help children enter a new culture by providing them with the tools needed for functioning in that culture, including language acquisition and formation of a group of supportive peers, namely new friends.

A new school provides opportunities to make new friends, but it also presents new games with new rules. Children may experience stress as they must adjust to different ways of relating to teachers, different clothes and styles of dressing, and perhaps even a startling new representation of their home country in textbooks or class discussions.

Immigrant Children in School

In 1982 the U.S. Supreme Court issued a ruling (*Plyler v. Doe*) that guaranteed the rights of undocumented children in grades K–12 to an education. The ruling protects children's right to an education as a civil right, regardless of the legal status of their parents. In spite of this ruling, some schools attempt to require legal documentation from parents before allowing children to register for classes. This is in violation of *Plyler v. Doe*. Parents have the right to decline this request. Don't hesitate to demonstrate that you know your children's rights! If need be, find someone else who can represent you at the school registration. Clergy or other community leaders may

act as advocates for immigrant parents in such circumstances.

Three types of programs seek to help children with learning the new language and entering the new culture. The first is a "pull-out" program, which pulls children out of the classroom several times a week to receive English-as-a-second-language lessons or more individualized instruction in other subjects. This is a short-term solution that deals only with the language dimension of the adjustment process. If this type of program is used, the school must also make provisions to support the other dimensions of the adjustment for the child. Pull-out programs alone are not adequate to meet the adjustment needs of children.

A second type of program is offered through charter schools, which are alternatives to regular public schools in many neighborhoods. Many of them have particular specializations, including bilingualism, mathematics, science, or the arts. These schools have

---

What Schoolchildren Need from Their Parents

■ **Encouragement.** Express belief in your children's capabilities, and cultivate their belief in themselves.

■ **Expectations.** Set realistic standards that give your children goals, and motivate them toward those goals.

■ **Role model.** Even a parent who isn't going to school may still model values relevant to success in education, including, but not limited to, self-discipline, persistence, independence, and pride in accomplishment.

■ **Engagement.** Get involved in the children's academic life, whether by assisting with homework, attending school functions, or chaperoning class trips.

■ **Recognition.** Tests and grades alone do not determine educational success. Recognize and respect your children's efforts, and praise their personal desire to achieve. Healthy self-confidence and consistent parental support will bolster this desire.

---

smaller class sizes, which allows teachers to offer students more individual attention, facilitating greater academic achievement and more focused language acquisition. The smaller classes also create a more communal environment where children form relationships more quickly and intimately.

Some school districts offer a third type of program: schools designated solely for children coming from abroad. The curriculum and school routines are designed to help students acquire new language skills and adjust to their new lives. Children meet peers who face similar adjustments, allowing them to talk through common problems and shared experiences. When multiple countries and cultures are represented, students discover different ways to become bilingual and bicultural. They learn to perceive themselves as persons who can contribute to a multicultural world, where cultural differences are an advantage and not a handicap. This perception strengthens self-esteem and confidence.

When There Is a Violent Climate in the School

Limited and inconsistent employment options often mean immigrant families are forced to live in poor neighborhoods with impoverished schools. Such schools usually have larger class sizes, which mean less individual attention and fewer support programs for students. These neighborhoods are often afflicted with gang activity and higher crime rates. The school environment will reflect the violence or hostilities of its neighborhood, which is traumatic for any child but especially so for migrant children who already feel unsafe in the face of major transitions in their lives.

Adjustment to such a hostile environment may lead some children to become a part of the culture of violence that already exists in the school. This can mean anything from using foul language to becoming involved in physical violence in order to secure respect for themselves, as in the case of Ismael.

Ismael's mother got a call at work, requesting that she come pick up her son from school. It was the third time in two weeks that Ismael had been caught fighting in the schoolyard. This time one of the other boys claimed Ismael had a knife in his hand during the fight. Ismael and his belongings were thoroughly searched, but no knife was found. Still, the principal suspended Ismael from school for a week.

When his mother arrived, the principal related the series of events, explaining that Ismael had become a danger to other students. She felt a great deal of shame and also did not have a full command of the language. She could not find the strength to ask questions. She simply apologized, "I so sorry for what Ismael do in the school. I talk to him. I so sorry. Please, I sorry." She came out of the office to find Ismael waiting for her. She looked at him with deep sadness and tiredness in her eyes, and he just stood and opened the door to let them both out of the office.

Ismael was only 13 years old. This was his second school since coming to the United States a year earlier. His family had to move after their landlord raised the rent last summer. In his country and even at his previous school, he had been a good student with high grades. But the new school was what students called a "fight school," and as a newcomer, Ismael had become a target of the violence. Another boy had explained to Ismael that if he refused to fight, the others would never leave him alone. If Ismael stood up to them, he would ultimately earn respect.

For weeks, Ismael had lain in bed at night unable to sleep, considering his options. He wanted to be obedient to his mother. Yet he knew she could not take off from work to go to his school to help him resolve this problem. He needed to take care of himself so she could focus on the finances and on their survival in this country. If he fought on school grounds, he could get into big trouble with the school administration, and his academic progress would be seriously affected. However, if he did not stand up for

himself, this hostile group would taunt him as long as he was at this school.

Ismael had realized there was no way to please everyone, and he had decided establishing respect was the most important priority. The next time the hostile group approached him and started to push him around verbally and physically, he stood up for himself—three times in two weeks. Today he was at peace about what he'd done, and he was ready to accept suspension as part of the necessary elements for his survival. This was a sacrifice he was making, in the same way that his mother worked long hours at her job, yet still cooked for him, ironed and washed his clothes, and always used what little they had to give him the best that she could.

As they walked home, a few boys from the hostile group jeered at him from the street corner, but one of the leaders told them to shut up. Ismael hoped this was a sign that he'd earned some respect. When he returned to school, he would work to reestablish his place. But right now his mother had tears quietly flowing down her cheeks. He would have to find a way to reassure her that her dreams had not been shattered. A very hard life this was in the United States.

Understanding Conflict before It Leads to Violence

School administrators and parents often deal with school violence on a one-to-one basis, blaming and placing consequences upon children who, like Ismael, are actually the victims. Ismael is simply seeking to finish a school day without being swallowed up by hostility. The disciplinary consequences themselves become disruptive to the academic life of the child while never dealing with the root of the problem. What alternatives can be offered?

The causes of school violence are complex, including external forces that affect the educational climate. These forces may be related to drugs, gangs, and other criminal activities in the neighborhood.

Other contributing factors affect the children's own families, factors such as poverty, unemployment, or underemployment that prevents overworked parents from spending time with their children.

Schools may deal with external threats of violence by hiring security guards and bag screeners and by installing metal detectors. While these measures may be helpful, they cannot prevent all violent incidents, and they themselves create a climate of fear. True prevention of violence begins with an approach that defines conflict as a struggle between different values, opinions, or personalities, rather than as an inherently negative or destructive force. By teaching students to identify conflict as part of everyday life, schools may manage conflict in positive ways so that personal growth may take place and so that differing groups can learn to find common goals and work together.

The immigrant experience itself brings conflict as the change introduces different perspectives, cultures, relationships, and values. Helping children understand conflict is a key piece of their adjustment process. There are four basic types of conflict: conflict that takes place within a person (intrapersonal), conflict between persons (interpersonal), conflict between an individual's needs and the needs of that person's group (intragroup), and conflict between groups (intergroup). Understanding these is the first step toward conflict resolution.

Conflict resolution seeks to end conflict before it erupts. Conflict-resolution strategies teach people how to interact with one another in ways that defuse the conflict, typically emphasizing effective communication, mutual respect, and practical listening skills. Conflict resolution also addresses negotiation, when two or more persons sit together to discuss their differences. Ground rules for negotiations may include communicating the different points of view and listening to each party's wants and needs. The goal of negotiation is to come to some shared interests and find options for meeting the needs and wants.

Many schools are now using peer mediation to help with conflict resolution. A mediator acts as a facilitator in the negotiation or conflict-resolution process. Increasingly popular in middle schools and junior and senior high schools, peer mediation programs train students to identify problems behind their conflicts and to find solutions among themselves. Such training is complemented by peaceable school program models, which establish a code of behavior for students and for teachers. When conflict or violence does occur, the code also provides a plan of response that both cares for the victim and helps bring the offender back into the school community. These programs promote the self-esteem of children as well as encourage students to respect and care for one another.

Parents can help by becoming involved at their children's school and requesting development or implementation of such programs by school administrators.

Parents as Partners for Academic Success

Parent involvement at home and at school makes a tremendous impact on children's attitudes and academic achievements. Education is a joint effort between teachers and parents. Neither one alone can ensure a better future for the children. Forming a partnership between parents and teachers results in children's improved academic achievement, better attendance, increased motivation and self-confidence, raised expectations about the future, more positive attitudes toward school, and more high school graduates.[1]

How can parents get involved? Begin by maintaining a supportive home environment, with a quiet, well-lit area for study, an established time for homework, assistance with and review of the work, and opportunities to discuss what your children are learning. Offer encouragement and praise when children put in the effort to complete homework or study for tests. Then implement these important strategies:

■ **Read with your children.** Take them to the library. Let them see you and their older siblings reading as well. Choose reading material for pleasure and for information.

■ **Use the television wisely.** Limit the amount of viewing, and help children find age-appropriate educational programs that promote the growth of their interests.

■ **Visit the school and talk with the teachers.** If your work schedule does not allow you to visit, schedule a phone call. Keep informed about the content and progress of your children's education. Ask questions such as,

- What is my child's reading level?
- How can I work with the teacher to support my child's academic achievement?
- What resources are available to my child (library, tutoring programs, mentoring)?

■ **Ask questions about the school system.** Understanding the rules of how schools operate in the United States is part of the parent's adjustment. For example,

- What are the expectations concerning transportation, arrival and dismissal times, excused absences, and appropriate attire?
- How do grades work?
- What type of help will my child receive for learning English?
- What courses are necessary for college preparation? What does my child need in order to enter those courses?

It is vital for parents to participate in their children's education. Walk into the school, and you will change the future of your children!

NOTE
1. "Connecting families and schools to help our children succeed." Archived: February 14, 1994, adapted. www2.ed.gov/PressReleases/02-1994/parent.html, accessed October 29, 2010.

CHAPTER FIVE

The Family's Legal Status and How It Affects Children

And a child shall lead us.
Isaiah 11:6

Documented, undocumented, illegal alien, non-resident, and *permanent resident* are all terms used to identify the legal status of immigrants living in the United States. Some of these terms are used in negative ways. As I wondered how to address these issues without using terms that could feel negative, I saw the work of Goldring, et.al. They use the terms *uncertain* and *precarious* to refer to the legal status of persons who may be at risk of detention and deportation.[1] Another phrase that seems less pejorative is *alternately documented.*

Families with a precarious status tend to live with a practiced mistrust or to fear authority figures. This mistrust can affect every interaction or relationship with individuals as well as institutions such as schools, clinics, or even churches. Families facing this situation feel they must limit their mobility and seek to be "invisible," in an effort to avoid drawing attention to themselves. The color and styling of their clothes and hair is designed to seem "normal" and ordinary, so they cannot be easily distinguished from others around them. They tend to speak quietly, in flat dull tones, if they speak at all. They follow all the rules to avoid being singled out for acting differently, especially by state authorities.

Persons of precarious status understand their access to social services and programs is restricted. Some may limit their use of these programs more than necessary because they have limited information and would rather be cautious. Even if the children are U.S. citizens, parents whose status is uncertain may be reluctant to register their children for school, or hesitant to get involved in their education. Yet the need to survive causes people to risk participating in activities—such as work—that make them more visible.

Fear and Invisibility

The children in these families will have the same feelings of fear and patterns of invisibility seen in their parents. This affects their social life and their ability to freely communicate and participate with other children. It affects their intellectual life because they may not attend school, or will avoid participating in special school programs or extracurricular activities. Used to living invisibly, these children will not raise their hands in class or volunteer their participation even when they know the answer or wish to take a greater role in the classroom. All of this lowers the child's self-esteem.

For adolescent children the struggle goes even deeper. At a time when youth are trying to explore questions of their own identity with the future in mind, their status makes them feel marginalized and different. They do not have a sense of belonging; they are not at home. The legal system holds a power over their future. Their uncertain status becomes a discipline or a punishment. One young man told me he just stays at home because you never know what someone else in a group might do. This was one way he tried to stay out of trouble, recognizing that even a slight deviance could have catastrophic consequences for his family.

Children of all ages worry about the status of their families. These young people need spaces that will help them forget about the uncertainty, if only for a little while. If school is a positive envi-

ronment, it can provide a space where children can break away from the constant worry about being deported. Churches can provide a similar space, especially if they offer activities for children and youth like music, worship, sports programs, social events, and religious education. Being able to go in and out of such safe spaces helps children cope with the uncertainties of their status. Without spaces where they can be free from their worry once in a while, children can become ill or depressed.

Ramon and the Trauma of the Crossing

When a family crosses to the United States without having legal status, the crossing itself is a dangerous and traumatic experience. Fear is a constant companion, and the physical experience is often extremely difficult. Families may need to walk for days and at times without sufficient water to counteract the desert conditions. They may have been beaten or held up by bandits or may have watched someone die from dehydration. Individuals may have been raped, or witnessed the rape of another person and could not help. These experiences can cause lasting psychological injuries that interrupt their ability to adapt in the new environment. Children may struggle to focus in school and may experience great fear at being separated from their parents or caregivers.

Ramon was nine years old when his family came to the United States. He was a bright and curious child who'd had the highest grades in his class before he left home. Once he came to the United States, he seemed disinterested in schoolwork. He'd ask to go to the bathroom and would spend hours roaming the school hallways aimlessly. He often spoke with an imaginary friend and would ask people for food for his friend or would say his friend was crying and needed help. Ramon was often crying himself as he explained that his imaginary friend was in distress. "My friend, my friend, something happened to him. He needs help! He needs

help! Please, please." It was very difficult to comfort him when this happened.

The school counselor tried to contact Ramon's family, but they did not respond for fear of being reported. Instead, his mother stopped sending him to school. But the disturbing behavior continued, as Ramon would often leave the house without permission and wander the streets. His distressed mother would find him and bring him home where the social isolation only made things worse. Her fear of being caught and deported made her reluctant to reach out and find the support her son needed.

Finding Help for Ramon

Finally, the school contacted a local pastor who began visiting Ramon and his family. On his second visit, the pastor brought his wife, since Ramon's mother was home by herself during the days while her husband worked two jobs to help the family survive. The women were able to talk about things in hushed tones and with more trust. Over the course of seven visits, the pastor and his wife gained the trust of the family. Eventually, they helped the family find a counselor for Ramon, and the church paid for the services. The counselor had a private practice and was experienced working with children.

The counselor discovered that Ramon was dealing with fear and grief from having witnessed the death of another child in the mountains as they crossed. The child had died in his sleep due to the cold of the mountains. He'd been found dead in the morning, just three feet from where Ramon had been sleeping. The night before, the boys had played games together during a small dinner their families had shared. Ramon had never been able to express his fear and grief. The journey didn't permit time for anyone's grieving, only for moving forward toward their destiny. The child was buried in a shallow grave and left,

and no one spoke of it. Even the child's family was silent so as not to make any sounds that would put the rest of the group in jeopardy of being found. Ramon was afraid the same thing could happen to him. He had many questions, but he knew he could not ask them. When they reached the border, things moved quickly. Ramon's family was met by a friend of one of his father's cousins. The two families were separated and would never see each other again.

Ramon's mother explained, "The first night we were in my husband's family's house, I told everyone that we would need to work together. Secrecy was the way to survive; we could never speak of anything that had taken place or of where we had come from." This led to isolation. Ramon could not make friends, bring other children to the house, or play outside as he'd done at home. At school he could not communicate with other children since many of them did not speak Spanish or they made fun of how he dressed. Ramon finally made up an imaginary friend. This gave him the freedom to express what he was feeling; after all, he was not speaking about his family but about his friend.

The counselor placed Ramon with a group of children in the therapeutic process. This gave him contact with children his own age. Play therapy was helpful to him. The counselor also worked with his mother to help her deal with her own sense of powerlessness and her fears that her husband might be discovered at work and deported.

The church became a place where the mother could find friends, as well as information that was helpful to her daily living. "I met other women who'd found themselves in similar circumstances. I listened to how their faith had helped them cope. Just being with others who'd experienced similar circumstances gave me strength. As the months went by I, became less fearful." She obtained information and connected to supports and people who could help the family establish a plan in case her husband was discovered.

Although this did not remove all her worries, it gave her some peace to know she would not be alone in that situation.

Coping

How do adults deal with the stress related to an uncertain legal status? Some immigrant parents hold onto the hope that a better education will allow their child to build a better future. The parents endure the stress as part of the sacrifice they are willing to make for their children. Sacrifice is a very powerful theme in the lives of these parents. It is how they accept the inequalities and hardships.

In the midst of an uncertain or precarious status, hope is one factor that keeps families moving forward. Parents make sacrifices, and children respond to their parents' expectations by living responsibly—which may mean living invisibly. Children also live out their responsibilities in hopes of providing a pathway out of the family's precarious or uncertain positions.

For teenage children who were born in the United States or who have lived here long enough to speak English fluently and understand their legal rights to education, school often provides a sense of stability. These youngsters follow the rules and seek to be accepted as equals. They even believe their exemplary behavior may help to secure a positive outcome for their families.

Erika Saldaña Has a Plan

Erika is 17 years old and has lived in the United States since she was six. Her family has an uncertain status. She is the oldest of four children. Last year Erika's brother Tomas, who is fourteen, got a warning for inappropriate behavior at school. He'd been fooling around with some friends in the schoolyard, lost track of time, and was late to class. For his tardiness, he was given a pink slip that a parent would have to sign.

All the children in the Saldaña family knew you never brought anything home for your parents to sign. Tomas was so full of anxiety he had an asthma attack. The school did not have a recent contact number for the family. Tomas had never told anyone where he lived, and he begged the school counselor to let him go home on his own after he returned from the emergency room. In order to avoid causing him further anxiety, the school allowed Tomas to go home.

At first, Tomas didn't tell anyone what had happened, but he knew that the pink slip would have to be signed. Finally, he secretly told Erika what had happened. "Erika, I didn't mean for this to happen. I was having a good time and . . . I don't know, I just did not hear the bell." "You must be more aware, Tomas. I am mostly afraid for your life. You have asthma. Anyway, I'll sign it." She signed the pink slip using a fictitious name. But the incident made her feel she needed to have a plan to help her family. Her brother's life could have been in danger. She was afraid for him.

Erika was used to being responsible for helping with any outside aspects of their lives, so it seemed right to her that she should be the one to deal with this matter of their uncertain status. Erika was good at finding information about things. After a week, she learned from a friend's cousin that serving in the armed forces could help start an individual's process of becoming a citizen, and from there one could try to help the family. Her birthday was only two months away. She would see a recruiter then.

Examining Erika's Plan

The incident with her brother has convinced Erika that something must be done about the family's status. She approaches the matter with hope, believing her actions can help secure a positive outcome for her family's immigration process. The belief is a strong one, not only for Erika but for her entire family. While the entire

family shares in this uncertain status, the parents send their children to school. They have expectations of their children and believe the children (and the entire family) can benefit from a quality education. Tomas understood he had gone outside of the limits of these expectations. For many families education is one of the main definers of a better quality of life.

Children respond to the sacrifice and expectations of their parents by striving to be responsible and worthy. They are demonstrating their worthiness not only to their parents but to the community and nation they seek to belong to. Erika's decision to join the military brings together these same themes of responsibility, worthiness, and sacrifice that have shaped her family experience throughout her life. Many young immigrants seeking a path for their future believe that joining the military will immediately secure their legal status, but until the DREAM Act (pending Senate vote at this writing) or other reform legislation is passed, Erika truly has no such future.

NOTE

1. For further study see Goldring, L., Berinstein, C., & Bernhard, J.K. (2009). "Institutionalizing precarious migratory status in Canada". *Citizenship Studies*, 13(3), 239-265. Also see Young, J.E.E. (forthcoming). "A new politics of the city: Locating the limits of hospitality and practicing the city-as-refuge." *ACME: An International E-Journal for Critical Geographies*.

CHAPTER SIX

The Role of Religion and Faith Communities

*"Anyone who will not receive the kingdom
of God like a little child will never enter into it."
And he took the children in his arms, put
his hands on them, and blessed them.*
Mark 10:15-16

The continuing practice of religious rituals and activities is key in helping immigrant families gain a sense of stability and cultural normalcy. Religion provides a sense of meaning and a structure for understanding the events of our lives. In a new environment where we do not have the tools for making sense of all that is happening to and around us, religion provides a framework for understanding our experiences.

For many immigrants, faith in a higher and more powerful being is a source of hope and strength that helps them persevere and cope with difficulties. Some problems cannot be resolved immediately, but faith gives us a sense of optimism as we face our daily struggles. Such optimism and perseverance can help focus families on what needs to be done to improve their situation and can help them avoid becoming overwhelmed. This opens the path to thinking in imaginative ways and becoming creative problem solvers.

The Spiritual Lives of Children

What role does spirituality play in the lives of children? Can it help them in their own process of adjustment? Most definitely![1]

Social workers and psychologists have recognized that children have spiritual needs in addition to physical, intellectual, social, and emotional needs. Religious faith provides the resiliency that helps many children cope in stressful situations. In many migrant communities, faith is interwoven throughout the fabric of the culture. This means faith and spirituality are powerful forces that shape our customs and strengthen the minds and hearts of children. Religious faith can help a child develop self-confidence. This is one reason those who assist children of immigrant families work to help them connect to their faith as a way of helping them heal and become empowered.

So, what is the nature of a child's spirituality? How is it formed and expressed? How can faith help children cope with the stresses of immigration?

The Spiritual Development of Children

Children begin to develop their spiritual lives primarily through the experience of their relationships, especially relationships with parents and caregivers. Even as infants children experience the love of God through positive relationships with those who care for them. A child develops a sense of acceptance, belonging, and confidence long before she can speak. Spirituality is about relationships, relationships with oneself, others, nature, and the Divine. Faith begins with trust. A child understands that she can trust God because her sense of God is related to her positive experiences of being loved and accepted. This is not about the content or particular beliefs that will shape a more mature understanding of faith; it is about sensing the relational bonds in her life.

Belonging is about feeling part of the community, identifying oneself with the people of that community or family. When we

think children are simply playing, they have their antennas up, listening and watching those around them, and incorporating what they see and experience into their own personal identities. Children observe the people around them and how they behave, and the rituals, patterns, and routines help them find a place in the community. Children learn religious rituals even before they understand them. For example, as early as seven months old, my daughter would pause to pray before picking up her bottle to drink. Praying before every meal was a ritual in our home. I always prayed before putting the bottle into her mouth; by the time she could pick the bottle up herself, she'd learned to pause and look to me for the prayer.

Spirituality Is Wonder

Between the ages of three and eight, children begin to reason by using their intuition, while still perceiving and understanding the world around them primarily through their five senses—smell, touch, sound, sight, and taste. Young children show great wonder and admiration about the details of creation. Watching an ant carry a dead insect to its anthill, touching and figuring out the veins in a leaf, or trying to imitate the way a bird flies are ways children marvel at creation. Marvel turns into a desire to know, providing moments when adults can begin to introduce the spiritual beliefs and values of their community.

Even if they do not attend formal religious services, children are still developing a spirituality rooted in the ideals or values by which they live. Their concept of God is related to their experiences with the significant adults in their lives. If these persons are missing from a child's life or are not as the child needs them to be, then her concept of God becomes what she wishes those adults had been for her. God becomes the one who satisfies the child's need for consistency and security.

How Do Children Pray?

Prayer is a source of strength for many children, as it is for many adults. Children are not in a position to control the circumstances that directly affect their lives. They depend on the adults in their lives to be sensitive to their needs and to intervene for them. However, immigrant parents are not always in a good position to control all that affects their children's lives. In this context, children may find prayer a source of empowerment.

What type of prayers do children make? How do they expect God will interact with their life circumstances? Children will use several different types of prayer. Some use a declarative prayer where the child simply announces to God what she expects God to do. She may also use a petition to God or seek to partner with God, asking God to grant favor, assistance, protection, or comfort. At other times, a child may believe God intervenes directly without the child's request. In other moments a child may understand that God enters his situation through some sort of ritual. While many children pray, other children may feel God is irrelevant to their current situation, and they will not count on God.

Religious Stories, Samson, and Almanidia's Father

Religious stories are an important way that children build values and connect faith to their own experience of the world around them. This is why children will often repeat stories they have heard, mixing the stories up with the details of their own lives.

Almanidia was a wiry eight-year-old who could hardly sit still to listen to a story. She would interrupt to tell a story of her own, or she would get up and go to the door to look around. When she was asked to sit down again, she would rock back and forth. Yet she always remembered with great detail the stories her teacher told at church. Often, the teacher would ask the children to draw a picture of their favorite part of the story, or they could

take turns using paper figures to retell the story or act it out with one another.

One Sunday, Almanidia was more nervous than usual. There'd been talk in the community of a raid that had taken place in another town where parents were taken and children were left behind. One of those children came to church that day with her aunt and uncle, who'd gone to find her after the raid.

The Bible story that day was about Samson and the great strength God had given him. Almanidia almost fought to get a chance to play with the paper figures. She wanted to tell the story over and over again. At the end of class she would not leave because she wanted to continue to play with the paper characters. "I like this story" she told the teacher. "Why?" the teacher asked. "I like it. The good people have help. The bad people go away. I like it." She was telling herself the story over and over again. Her teacher realized this was important to Almanidia, so she stayed and listened as the child told her the story:

> This is my father, and the people came to take him away, but God gave him great strength, and he was able to fight and to help all the people get away, and he got away too and they could not catch him. He went outside and turned over the bad people's cars and they could not drive after the people to catch them, and they went home and they could stay with the family. My father put big trees and rocks in the way so even if they could get in their cars again they could not go through. There was a lady who was too old to run, and my father picked her up and carried her to her house. Then, when my father got home, he was the same as always again and he began to play with me.

Almanidia told the story over and over, changing some details each time. It was evident that she was afraid her father could be caught in

a raid. She was also afraid for other children whom she knew. She was very aware of everything going on around her. The story of Samson provided an image of how God would protect her father. God could give him extraordinary strength to be used when he needed it. Her father would use this strength to help others as well.

Notice how she brought the details of her own life into the story, and the way she frames it as a conflict between good people and bad people. The good people are saved, and the bad people are stopped. This shows Almanidia's sense of fairness, a quality very important to children her age. She sees God as a God who is fair.

Ages Ten to Twelve: Logic, Faith, and Hope

In their pre-teenage years, children begin to approach their spirituality differently. They can now understand cause and effect, so they seek out the reasons for things. They are more capable of seeing the complexities in the events of the day. For example, they can understand that there are laws and not just bad and good people. They can see things are not always fair and that change may require many people working together and not just one Samson. Both their faith and their fears are put together differently than before.

Some children between ages ten and twelve begin to develop the ability to think abstractly. This means they can move beyond their own experiences to comprehend concepts such as freedom, hope, and justice. This drives them to inquire about the beliefs of their community. They develop a healthy doubt so they can choose what they want to believe for their own reasons. This type of doubt is still faith, but it a faith standing on tip-toe to see the other side and deepen their understanding. These young people want to believe for themselves rather than just accepting and adopting the beliefs of their parents and other significant adults.

At this time of life, youth are more aware of other persons and communities with differing beliefs, and they want to know more

about that. They compare different beliefs, seeking to identify the ones they want to own. They seek spiritual practices that allow them freedom to inquire, to reflect, and to be a part of changing things in their world. Some faith communities conduct confirmation classes for kids in this age group to give them opportunities to discover and ask questions about the roots of their faith. These classes often include group activities that teach them to do outreach to better the life of the community. These young people will begin to seek out spiritual practices that give expression to their commitments, allowing them not only to have faith but also to be faithful.

Spirituality and Shaping the World

As their ability to comprehend makes the world a bigger place for them, children want to and need to figure out how they can affect their world. As abstract understanding allows them to put themselves in the place of others and feel compassion, this compassion needs a way of expressing itself. Their growing sense of justice and fairness is also a part of this. Yet children who do not have residency are also beginning to understand the limitations their status places on their future. How can they connect their actions to the rest of the world during this time?

Immigrant children are already working in their communities and their world. They may translate at stores, hospitals, and other institutions. They may look after younger brothers and sisters while their parents work, helping siblings with homework and making choices about disciplinary matters. They may help with the cooking and cleaning. They may write letters, pay bills, answer phone calls, and explain things to their parents as well as perhaps neighbors. They assist teachers and administrators at school with translation or with helping newer immigrants who are still learning the language. They become buddies or mentors to these children, helping them understand the new rules and routines of the

school. They learn to be intermediaries, helping their parents and other immigrants navigate between the two cultural worlds in which they live.[2]

These responsibilities rob these children of their childhood to some extent. If these heightened responsibilities are not balanced by opportunities to play and become involved in other activities of their own interest, children may feel overburdened. If, on the other hand, the child experiences a balance between these aspects of life, his learning to be an intermediary can help him begin to gain a sense of vocation, to discover his gifts and interests, and to develop skills in those areas. This opportunity to discover and exercise one's gifts is a key part of every child's spiritual life.

NOTES

1. For an extensive discussion about the faith life of children, see Karen Marie Yust, *Real Kids, Real Faith: Practices for Nurturing Children's Spiritual Lives* (San Francisco, CA: Jossey-Bass, 2004). Yust's insights are reflected throughout this chapter.

2. For further discussion on this and related topics, see Rowena Fong, ed. *Culturally Competent Practice with Immigrant and Refugee Children and Families* (New York: The Guilford Press, 2004).

CHAPTER SEVEN

Children and Raids

*If any of you put a stumbling block before
one of these little ones . . . it would be better for you if a
great millstone were fastened around your neck and
you were drowned in the depth of the sea.*
Matthew 18:6

A worksite raid is one way immigration laws are enforced. Such raids are aimed at persons working in the United States without legal documentation or using false Social Security numbers. Unlike other enforcement activities, which tend to be concentrated around the border, worksite raids are conducted all around the country. Sometimes the persons arrested have been in the United States for many years. These arrests cause deep disturbances in the stability of families, affecting them economically, psychologically, and even physically.

It has been estimated that about 5 million children in the United States have one or two undocumented parents. For every two persons arrested in worksite raids, at least one child is separated from a parent. Although the children themselves cannot be arrested, these raids can have both immediate and long-term impacts on their lives.

The Day Javier and Maria Were Arrested
On Tuesday morning Javier and Maria Castillo left their home at 6:30 a.m. This gave them time to catch a bus to get to the plant

where they both worked by 8:00. Javier and Maria had three children, ages seven, three, and six months. Maria's sister, Gaby, had been living with them since her husband had been deported a year earlier. Each morning, Gaby would take the two younger children to the home of a cousin five blocks away, who would babysit them all day. Then Gaby would drop the oldest child at school before making her way to her own job at a restaurant less than two miles away. In the afternoons seven-year-old Cristina would walk from school to the cousin's house, and their parents would pick up all three children as they returned from work. Gaby would return from her job at the restaurant later in the evening.

At about 10:15 that Tuesday morning, immigration officials raided the plant where Maria and Javier worked. They were both arrested and transported to a detention area far from their home. At the detention center men and women were separated so the parents could not communicate with one another. Neither Javier nor Maria dared to mention their children, fearing the children would be taken away from them. Although they begged to make a phone call, phones were not made accessible to them.

When her parents did not arrive to pick her up at nightfall, Cristina became restless, and soon began to panic and cry. The cousin who watched the kids during the day did not have food for the infant nor the resources to buy any. As rumors of the raid circulated, she feared that Maria and Javier had been taken. A neighbor shared some of her own child's food and diapers to help cover the needs of the infant through the night. The other two children were told their parents had been asked to work late on a special project. The three-year-old did not understand and cried loudly and incessantly, running to the window and calling for her mother. The seven-year-old sat silently in the corner and would not eat or drink.

When Gaby came home from the restaurant after midnight and found no one in the house, she feared the worst. Her heart began

to race, her breath was short and quick, and her stomach cramped. She'd had these same feelings when her husband did not come home from work on the day he was arrested. Gaby paced the small apartment trying to calm herself. Finally, she went to the cousin's house, where her seven-year-old niece ran over, sobbing, and buried her face in Gaby's lap. The cousin explained that the parents had not come, and then whispered that it seemed to be "la Migra"—a nickname for immigration officials.

The two women strategized about how to care and provide for the children. They wondered if they should send the seven-year-old to school. On the one hand, she would get a free lunch there, and school activities might keep her distracted. Yet they were afraid immigration officials might come to the school. Gaby decided she would risk asking the school if Cristina would be safe before leaving her there. That night, Gaby slept on a chair at the house, and left all the money from her tips for food and other provisions for the children.

Cristina clung to her aunt, screaming when she was left at school the next day. The raid had also affected other children in Cristina's class. Some had spent the night at the school because they did not have other caregivers to pick them up. The district had made emergency arrangements as soon as they heard of the raid. A school social worker was trying to get the names of arrested persons to see which children might be returning to homes where there was no adult supervision. This was almost impossible, since ICE had not yet released a complete list of detainees, and most of the parents arrested had not given the names of their children. The school was working with other social services in the community to ensure that families could have access to food and other needs for the short term.

The church became a place where people would congregate to receive help, since it was a trusted site. Non-governmental service providers set up offices at the church, and church people worked

with the school social worker to identify the affected families. Church members brought bags of food and other provisions to the homes of those who'd been arrested, but some families were unwilling to open the door, fearing officials were coming back to arrest other family members. Provisions were left on doorsteps.

Schoolteachers made a priority of helping the children cope with their emotions and fears. Story time became an opportunity for children to tell stories of what was happening in their own words. The school worked hard to communicate to parents and caregivers that children would be protected at the school. It took several days before some parents began to send their children to school again.

After three days Maria was released to be with her children. The church had sent legal help to the detainees, and Maria was released after officials understood she had three children. Javier was offered deportation, but he decided to fight it. Others chose to be deported, since volunteer deportation would not appear on their records, and some figured they would have another chance to attempt the dangerous journey to get back to their families. Those who were deported did not get a chance to say good-bye to their loved ones. They would call after they had reached the border.

Helping Families after a Raid

The story of the Castillo family shows how fear sets in quickly in reaction to a raid. Families seclude themselves and feel like outcasts. In some cases they face discrimination from the outside community. Children whose parents were arrested may be called names or feel branded as criminals by their schoolmates. Other children miss school until adults feel certain they are safe there. Raids separate both children and adults from the support systems they most need.

Psychologically, children experience great anxiety after a raid, which can take the form of depression, separation anxiety, or even trauma. Their stress may manifest itself in the loss of appetite and

weight, inability to sleep, and acting out. Economically, the families will need food and daily provisions, and may need help with paying rent or utility bills. Some may have to pay heavy fines in order to gain a temporary release.

A study by the National Council of La Raza found that churches were often among the first to respond to the immediate needs of families affected by raids.[1] Nongovernmental service providers often work with churches by providing their services at church locations. The same study included a number of recommendations about what churches and other agencies can do to assist affected families.

After a raid it is necessary to obtain an accurate list of arrestees from ICE, to assure that assistance is given to children and other family members of those arrested. We can make sure children are placed with extended family members or other caregivers rather than any form of state custody such as foster care. Churches can also provide legal advocacy on behalf of those arrested and in detention centers, seeking to have parents (especially single parents) released so they can be with their children. Other legal assistance can include helping those arrested confer with legal counselors or with their country's consular office (this is a right of all persons arrested by ICE), ensuring the confidentiality of the telephone conversations of those detained, creating a plan for providing services during the time parents are detained, and providing counseling to children and their parents to ease the psychological impact of the events.

School districts can help by ensuring that children are not dropped off at empty homes. They can work with extended family members and community-support networks to secure adult supervision for the children. Churches can be a safe space for the gathering of affected persons and service providers, and for the distribution of aid. They can also provide transportation, go door-to-door to deliver food and services, and help raise resources for relief efforts. The different service agencies working with the

families need to come together and make decisions about how to channel funds. They need to develop service priorities.

Churches are places where Latino immigrants come for the nurture of their spiritual lives as well as their communal life. In times of hardship families will turn first to their extended families and then to the refuge of their religious institutions and leaders. While churches may not have sufficient staff to work through all the details for the many people needing help, their ability to communicate with families, to relate to them in culturally sensitive ways, and to establish trust makes the church a place of safe haven and refuge when these types of events take place. However, a church will find it difficult to sustain relief efforts over a long period of time, so it is helpful to network with other private social service systems in their area. Ideally this networking would be established before such an emergency takes place, so the church is prepared both to respond and to call others into action.

Churches must be sure other organizations it calls on to serve immigrants can be trusted. They should check into the present work of these organizations, finding out what laws affect their work and whether their funding demands reports on the legal status of their clients. Most private agencies have an annual report that lists funding sources and is open to the public.

Caring for Affected Children

Many of the children most affected by worksite raids are U.S. citizens, since they were born in the United States. In 2005 it was estimated that 67 percent of these children were under age ten, one third of them preschool children. This suggests that childcare arrangements must be a priority after a raid. Very young children will feel abandoned because they do no understand what has taken place. Older children experience great fear, especially if they've witnessed the arrest of the parent.

The trauma surrounding these situations can manifest itself in a number of ways. It can lead to feelings of helplessness, lack of concentration, trouble sleeping, aggression, hyper-vigilance (watching intensely for something bad to happen again), and flashbacks. Preschool children may respond by clinging to their parent or caregiver, crying or screaming, whimpering or trembling, moving aimlessly, or becoming immobile. They may return to behaviors common to younger children such as sucking their thumbs, bedwetting, or being afraid of the dark. Young children's reactions are strongly influenced by the ways they see adults reacting to the events.

Children between the ages of six and eleven may isolate themselves, become quiet, struggle with nightmares or other sleep problems, become irritable or disruptive, and have outbursts of anger. They may start fights, refuse to go to school, complain of physical problems that cannot be found, become depressed, experience feelings of guilt, or feel numb emotionally. They may find it difficult to concentrate, creating problems with school and homework.

Teenagers may relive the event through flashbacks or seek to avoid all reminders of the event. They may begin using drugs, alcohol, or tobacco, and may display other forms of antisocial behavior such as being disruptive, disrespectful, or even destructive. They may also have nightmares or trouble sleeping, and may become depressed, isolated, or confused. In some cases, these feelings can lead to suicidal thoughts. Adolescents may feel guilty, believing they should have been able to do something to prevent the event. They may also have thoughts of revenge.[2]

We can help children by listening and providing opportunites where they can share their thoughts and feelings. Younger children do not always speak as adults, but they can draw. Older children can express themselves by writing. Playing music can be a way kids may mask or express their emotions. Rather than asking kids to be strong, we should accept whatever emotions they have, and try to help those emotions find a constructive expression.

We can also help affected young people by keeping their situations as stable as possible, avoiding drastic changes or moving them away from loved ones and familiar surroundings. Try to reduce the time children are away from their parents as much as possible. Be sure schools understand what is happening so that undue pressure is not placed on them. We can remind children of the people who love them and are seeking to support them.

It's important to be honest and to avoid giving young people false hopes. Children need us to explain things in terms they can understand. The questions they ask can help us understand what's causing them fear or anxiety. Every child is different. Some express themselves, while others seem unaffected, and may only show their feelings later in the process. We should watch for sudden changes in their speaking or behavior. When deep changes occur we should seek professional help and seek to assure the child and show compassion.

Stabilizing ourselves is a principle way of supporting the children. As adults we may be feeling fearful, worried, or powerless. Children can perceive our feelings. When adults are stressed we often fill the air with strife and our loud voices, seeking to control the situation. This causes stress and instability for the children. We want to increase the attention we give them, not the tension that already surrounds them. We must stay calm and connected to systems of support. This helps us to care for the children while keeping realistically optimistic.

We should do what we can to alleviate the symptoms we've mentioned. If a child is having trouble sleeping, leave a night-light on or allow him or her to sleep in the same room with you. Stick with the daily routine as much as possible, since this gives them a sense of connection with the familiar. (For older children this includes attending school.) If following the familiar routine is impossible, create new routines. Seek to have meals at similar times, even if you are not in the same environment. Waiting for provisions or news

plays a key role in the time right after an arrest. As you wait, seek to stay optimistic and be creative about problem solving—this can become a sense of strength. Play with children and continue any familiar religious practices such as prayer or reading of Bible stories. Allowing children to makes choices whenever possible will help give them a sense of control over their lives.

Symptoms may subside in the days and weeks following the traumatic event. If troubling symptoms continue' or intensify, you should seek professional help. Church leaders and nonprofit organizations that do not report to the government can be very valuable in helping us identify such resources.

NOTES

1. Dialogues were written with insights from *Paying the Price: The Impact of Immigration Raids on American's Children*, a report by the Urban Institute for the National Council of La Raza, published by the council in Washington, DC, 2007, authored by Randy Capps, Rosa Maria Castañeda, Ajay Chaudry, and Robert Santos.

2. "Coping with Trauma after Violence and Disasters," http://www.nimh.nih.gov/health/publications/helping-children-and-adolescents-cope-with-violence-and-dis asters-community-members/coping-with-trauma-after-violence-and-disas ters.shtml, accessed October 29, 2010.

Understanding "Status" Differently

When an alien lives in your land, do not mistreat him.
He must be treated as one of your native-born.
Love him as yourself for you were aliens in Egypt.
Leviticus 19:33-34

In our discussion of immigrant families, we have mentioned both legal status and socioeconomic status. We can see that the word *status* refers to a person's position, standing, or rank. For the most part, the members of a society determine the status of a person entering that society. Yet finding ways to offer a social standing that recognizes the human rights of all persons is a complex matter.

Through their character, the values and practices of their daily lives, and the contributions they seek to make, immigrants to the United States show that they wish a desirable status. When their country of origin as well as the country they've migrated to refuses them the daily necessities of life, immigrants find themselves in a situation where they need to choose between doing what's necessary for their families to survive and following laws that deny them the right to survive. Sometimes conflict between these competing demands seems inevitable. Such conflict can be resolved only as countries deal with the needs of all their citizens, taking into consideration the implications of economic agreements that upset the

economic stability of certain populations. Human need and human rights must be part of the equation. All these factors are part of the question of "status." This is why comprehensive immigration reform is necessary.

Status, Identity, and Justice

Belief in the possibility of positive change in their status often provides people with the hope and strength needed for daily life. What happens when that possibility doesn't exist? For some people, despair and illness set in. But others create for themselves a different sense of identity. They may accept their marginalization as a political reality, but they refuse to see it as the defining truth of who they really are. These persons and families refuse to live thinking of themselves only as "illegal aliens" or "undocumented persons." They draw their identity from a higher source, insisting that they are equal to every other human being. They persevere despite the limitations of their context, and push back against language and laws that deem them as non-persons or persons unworthy of equal status. They create strategies of survival, insisting that their "human status" and the injustices existing in the two countries gives them a right to disrupt the orderly classifications produced by the state. They push us all toward a status of dignity and justice.

These folks are the adults and children we've seen protesting against unjust immigration laws. They are our Latino heroes today. Their hope goes beyond simply gaining legal status for themselves and those they love. It is a hope of working together for justice. They understand that justice will remake the names and categories of status to address the real needs of all human beings. This is a sociopolitical, philosophical, and religious claim regarding the inherent value of every person, which gives expression to the human rights of immigrants in all parts of the world today.

Worthiness

The idea of worthiness is very important in the lives of most immigrants. To say that someone is "worthy" is to say that person has merit. A worthy person is someone who is valued enough to be deserving of basic human dignity. Immigrants understand themselves as persons of merit who should be treated equally alongside others. Most immigrants will do whatever is asked of them in order to fulfill the responsibilities that are part of being a person of excellent character, a person considered worthy by society. Yet this is an opportunity that many immigrants have not had in their countries of origin and have not found in the United States either. They are not given the chance to take on the responsibilities and reap the benefits of being a worthy citizen.

Our history in the United States as a nation of immigrants bears ample proof to the many contributions immigrants have made to this country, even when they were being exploited for their labor. Throughout history, immigrants have sought to leave a legacy of their contributions, even under the hardships of imposed limitations. Through hard work, immigrants transformed the spirit of exploitation by their employers into a spirit of accomplishment and sacrificial contribution. They have sought and still seek to prove themselves worthy.

Immigrant parents teach their children these values, and it is evident. Most studies show that immigrant children have very positive attitudes toward learning, and they respect and appreciate their teachers and their principal, and the efforts their schools make to help them especially in the adjustment period. When these children are provided with a healthy school environment, they are a pleasure to teach. They are motivated learners. This is an expression of this sense of worthiness.

One reason the term *illegal alien* is so demeaning is because it identifies persons with unworthiness. Such language relegates

persons to spaces of unworthiness where they are viewed as people without merit.

When we are distant, alien, and unknown to one another, it becomes easy to project onto other individuals or groups negative characteristics and blame for bigger issues in our society. Especially when a country is going through economic difficulties, its citizens may place blame on newcomers, those who are different, or those that they deem less worthy than themselves. They see those persons as threats in times when they see their own socioeconomic status as insecure.

Finding spaces where one is treated as worthy is important to the health of every person. Community social groups, sports teams, and churches are among the places where immigrants can have their worthiness affirmed while learning to contribute in new ways to the new society.

After an immigration raid took place in a small town in Arkansas, the people of that town, including the sheriff and other law enforcement persons, responded immediately with aid to the families and children who were affected. They advocated greatly for the rights of the arrested people. They claimed them as neighbors, as brothers and sisters who worshipped with them in their churches, played alongside them on soccer teams, and shared meals with them at the same tables. This community recognized the contributions their immigrant friends were making to the richness of the fabric of their lives together. The residents of that community were connected to one another through the regular contact they had on a daily basis. They had intermixed, pervading each other's lives. This is a necessary part of acknowledging, appreciating, and accepting one another. It is how we create spaces of worthiness and equality for every human being.